一间自由生长的教室

41个创意班级管理智慧

孙亦华 著

长江出版传媒　长江文艺出版社

图书在版编目（CIP）数据

一间自由生长的教室：41 个创意班级管理智慧 / 孙亦华著. --武汉：长江文艺出版社，2022.9（2023.1 重印）
（大教育书系）
ISBN 978-7-5702-2776-1

Ⅰ.①一… Ⅱ.①孙… Ⅲ.①小学－班级－学校管理 Ⅳ.①G622.421

中国版本图书馆 CIP 数据核字（2022）第 123250 号

一间自由生长的教室
YIJIAN ZIYOU SHENGZHANG DE JIAOSHI

责任编辑：陈欣然		责任校对：毛季慧	
封面设计：天行健设计		责任印制：邱 莉　王光兴	

出版：长江出版传媒　长江文艺出版社
地址：武汉市雄楚大街 268 号　　邮编：430070
发行：长江文艺出版社
http://www.cjlap.com
印刷：武汉珞珈山学苑印刷有限公司

开本：720 毫米×970 毫米　1/16　　印张：17　　插页：1 页
版次：2022 年 9 月第 1 版　　2023 年 1 月第 2 次印刷
字数：244 千字

定价：45.00 元

版权所有，盗版必究（举报电话：027—87679308　87679310）
（图书出现印装问题，本社负责调换）

天光云影里的徘徊

假如我是孙亦华老师的学生，我会在这个小小的教室里，享有天光云影里的徘徊，从容平和，不时有发现斑斓的闪烁的惊喜。

这是我阅读孙亦华老师的《一间自由生长的教室》，随时冒出来的感慨。

《一间自由生长的教室》是孙亦华老师个人的教育故事集，里面收录了她的41个教育故事，有策略，有反思，有事件的始末。她给这些故事从不同视角归了五类，并各自作了诠释，以达成研究的体系化。

在我的阅读中，已放弃了类别体系的概念，每个故事都如同一片天光云影，映射着教育的热忱与智慧。片片云影闪射中，有着内在一以贯之的教育逻辑和智慧。如果要提炼，我想应该是以下四个方面。

教育发生于日常。我们常见的教育是急匆匆做消防员，某个我们认为不当的行为发生后，教育跟着形成。通过谈话、与家长交流、班级讨论等方式，以期解决问题，并植入积极的教育元素。在孙老师的工作中，教育不是某个事件发生后的实施行为，而是弥漫于师生相处的日常里。在她的故事中，开学工作形成了"开学礼"之教育。日常阅读、家校联动以及普通生、二孩政策影响等习以为常的事情中，都生发出教育的种子。在这些过程中，并没有学生不良行为的引发，也没有老师单方面概念的灌输，教育就这样自然而然地发生了，影响了学生的选择与发展，因为如此，时时处处皆教育。

于小处做大文章。书中所叙，均是日常教育的小故事。教育叙事，我们看到比较多的是一个惊艳的瞬间，在那瞬间中，教师的智慧所引发的对学生的唤醒，无比美好。但启迪一个人，改变一种思想或习惯，并非一朝一夕之事。在孙老师的教育小故事中，都有着系统性的思考，更有长期的跟进，小事里是教育的大学问。表扬与惩戒，是教育常用的手段，在孙老师那，这些工作有着清晰的"引领成长"的终极育人目标，具体开展渗透进言语、活动及师生相处的模式，建立了一整套行之有效的长期跟进的行为体系。每一件小故事里，带出的是一个领域的系统性教育设计。可以想象与期待，当各类别设计汇合到一处时，构建出一座教育的立交桥，其间，我们的学生发展不拘囿在一个平面上来回，而是立体的多平面的探索，他们在一起有交集又有各自的轨迹，这着实可贵。

师生是平等平和的。在所有故事的发生中，看不到教师的居高临下，看不到学生问题发生时教师的匆忙、猴急与主观武断的暴烈。一个学生的单元习作中对教师的表扬，引发的是教师对学生不够关注的自责与反思；一场蓄势待发的群架中，教师首先看到的是潜藏于深处的学生的好，再予以引导。因为这样的视角与姿态，孙老师能透过学生照见自我，能不断追问，我的课堂是否安全，如何做好一个灵魂有趣的教师；能敏锐捕捉学生小变化中的心结，能一视同仁、因材施教地去对待那些易被忽略、易被讨厌的学生个体。在这样的情境中，我相信我们的学生不会产生焦虑，不会形成相互的抵触。班级是我的班级，我的班级是我的团。

改变是从力所能及的地方开始的。在教育的行进中，需要落实一项项的举措。孙老师的举措，都是紧贴着学生的需求与学习日常行进，学生想做，学生能做。对女生的教育，孙老师与学生一起出炉"女神修炼攻略"，女神是女生向往的，所列八大要素着力在身体健康、友善待人、热爱阅读、勤俭节约等方面，学生是能坚持做到的。在引导孩子的阅读中，给孩子设立"阅读银行"，开设"阅读沙龙"共同分享，送出"进步书"，开展"好书漂流"等。最常见的是，在班级中，学生互为榜样，以同伴为观照，进而发生改变。杜威说，教师在学校中并不是要给儿童强加某种概念，或形成某种习惯，而是作为集体的一个成员来选择对于儿童起作用的影响，并帮助儿童对这些影响做出适当的反应。孙老师的教育点滴呈现了这个特质。

感受还有很多，所有这些，都是教育行为之后的一种理性的分析和探讨，来自教师内心深处对教育的敬畏、对孩子的热爱，以及以这样的状态在与孩子长期往来中积淀的智慧。于是，才能得以洞察先机，贴近孩子，努力成就最好的教育：学生看不到教育的发生，却实实在在地影响着他们的心灵，帮助他们发挥了潜能。（卢梭语）

越如此，越热爱自己的工作，越充满了对孩子的激情。师生是相互成就的。这个学期，孙亦华老师又主动请缨，担当班主任，在学校副校长与班主任的双重责任中，执着地研究探索。

内心深处，我更愿意称呼孙亦华老师为亦华老师。其华灼灼，人如此，教育事业亦如此。相信，在新的行程中，亦华老师会有更多教育的天光云影，投射到更多孩子童年的心田。

叶惠玉（浙江省海盐县教育局副局长）

2021 年 7 月 25 日

心之亦然　灼灼其华

欣闻亦华出书，甚欣喜。

掰着手指，细细数，岁月的光阴翻到2012年冬天。彼时在专业上还青涩的我，有幸得到各级领导垂青，开省、市工作室，官"媒"所赐开始带徒。一轮又一轮，一茬又一茬，我与一群志同道合的老师们相逢，一起田野研究，研究班会，建设特色班级文化，研讨问题孩子……

省赛获大奖、荣获嘉兴名师、被评为市学带……学员们的喜讯如曼舞的雪花，不时蹁跹飞来。看到他们在专业上飞速发展，享受为人师、做班主任的高峰体验，开心着他们的开心。

亦华是佼佼者之一。目睹亦华一路高歌，一路拔节：辅导员大赛全国金奖，班主任基本功大赛嘉兴市一等奖，省赛二等奖，成为《班主任之友》的封面人物、年度作者，评上嘉兴市德育学带，荣膺嘉兴市班主任工作室主持人……而她的身份从班主任到德育主任再到德育副校长，这个学年又主动申请重新做回了班主任，无论身处什么岗位，不变的是她对教育的那一份执着，那满腔之热爱。

专业阅读和专业写作，是每一位老师成长必须经历的蛰伏。亦华繁忙工作之余，注重阅读和写作，几乎每周写一篇书评，读书之精深，涉猎之广，令人惊叹。她进行专业写作，开了公众号，记录与孩子们之间的情调故事，文章在各大刊物上频频亮相……

亦华是我众多学员中真正意义上出书的第一人，她走上了一条著书立说的专业化成长之路，一条自由生长的芬芳之路——

读着《一间自由生长的教室》，被亦华炽热的教育情怀所打动。桃之夭夭，灼灼其华。文字犹如编织的彩线，密密麻麻，生动、情趣、睿智、祥和，那一个个或生动或可爱或诙谐或智慧的镜头，透过文字，透过开满鲜花的窗口，一个浅笑嫣然、心系孩子、灼灼其华的老师出现在我们面前——用情用心用爱的亦华老师。

一间自由生长的教室，是唤醒个体、点亮生命的场所。它是尊重个体、适性生长的能量场，是挥洒汗水、收获丰盈的实践场，是滋养灵魂、探索世界的阅读场，是唤醒自我、点亮希望的精神场，也是师生共生共长、彼此成就的生命场。

亦华用开学礼经营关系，用书信拉近教师与学生、家长心灵上的距离，用阅读存折激励孩子广泛大量阅读，用棒棒糖传递一种信念。苏霍姆林斯基说，最好的教育就是自我教育。亦华用"女神攻略"引领女生们进行自我教育，也用心经营着"小小男子汉"的打造工程：开一门电影课程，读一套"男子汉小读物"，晒一个"男子汉故事"，设一个"爸爸论坛"，贴一个"小绅士标签"，搭一个"男子汉舞台"，无痕教育于有痕的实践中。无论是劳动教育的家校联动，还是表扬信、进步书，各类别出心裁的设计，都深深地打动了我的心。

教育是什么？第斯多惠说，教育的本质不在于传授知识的过程，而在于激励、唤醒和鼓舞。亦华用心教育的日子，充满了诗情，弥漫着画意。长袖挥舞，歌声悠扬，一首首美好的童年舞曲，在这间自由生长的教室里，浅唱低吟，舞姿蹁跹。

一间自由生长的教室，是没有恐惧、温暖安全的场所。在这间教室里，有的是"需要被改造的个体"进化为"成长中的个体"，是对孩子的全盘接纳。翻手是云，覆手亦是云，做"灵魂有趣"的教师，做灵魂有香气的老师，学会用成长的视角，看待孩子的不足以及上升空间。

面对迟到的孩子，她会想：是不是因为昨晚作业做太晚了？还是路上有突发事情？面对没完成作业的孩子，她会思考：是不是作业总量太多了？还是昨晚身体不舒服？面对上课走神的孩子，她会琢磨：是不是我的课不够吸引人？还是孩子遇到了什么麻烦事？想说转换不容易，心有千千爱，方有灼灼华。

学会表情管理，用小镜子训练最灿烂的微笑，各种花式鼓励，正向角度审视问题，只重点寻找学生值得被鼓励的点……一个个熟悉的镜头，亦华用热情与智慧准备了一席盛筵，让自己为师的人生成为一种美好，用平和，用爱心，用情怀，用智慧，用专业，缔造了一间自由生长的教室。

一间自由生长的教室，是抓住契机、化腐朽为神奇的场所。长期待在一线，真的太熟悉书中描述的许多场景。日常教育生活中，太多的意外，窘事，熊孩子的蔫巴事，如影随形——忘带学具，看恐怖小说，因比赛失败情绪激动，班级带货……孩子之所以为孩子，在于他的价值观、人生观、世界观尚且处于熔炼之中。是苦口婆心的劝导？是如灭绝师太般严厉扼杀？还是不闻不问地听之任之？亦华捕捉机会，透过孩子的问题行为，洞见孩子真实的心理诉求，发现孩子成长背后的隐忧。经由孩子的问题行为，洞见该给予孩子何种更合适的营养。在春风润雨中，在指引孩子的自我悦纳中，在游戏体验中，加强孩子的自我认同，明白自己的生长点在何处。

一间自由生长的教室，是看见每位、照亮彼此的场所。教育是一位不完美的老师领着一群不完美的孩子，一起努力追求完美的过程。而其中，潜能生、弱势生，最需要老师的呵护和培育。亦华深谙此理，她给每一个生命都颁奖，看见每一位孩子的存在。允许差异的存在，让师生成为彼此生命中的一段光。她把量身定制的"阅读之星""书写之星""作文之星""发言之星""服务之星""纪律之星"等等美誉，送到每一位孩子手上。她希望透过奖状告诉那些曾经只能负责鼓掌的孩子：你一定要相信，只要你愿意努力，鲜花与掌声也许会迟到，但一定不会缺席。

读到此，一位心中有爱，发出哪吒也是好孩子呼声的老师，看得见绿叶的老师，浮现眼前。

字字句句，声声真情。

这样自由生长的教室，是爱，是暖，是希望，是人间的四月天。

爱之亦然，心之亦然，灼灼其华。

让我们走进《一间自由生长的教室》，细细品尝亦华的教育人生。

许丹红（浙江省德育特级教师、德育正高级教师）

2021年12月19日

目 录 | CONTENTS

第一辑　一间自由生长的教室 / 1

开学礼：教育，从经营关系开始 / 3

  优质的师生关系，能帮助学生高效学习。/开学，将每个孩子的过去"清零"。/美好的新起点，带着"尊重""平等""安全感"与"希望"。/做师生，更做朋友，做成长伙伴。

"女神"养成记 / 10

  她们所表现出来的朦胧躁动和好奇，是对未知美丽世界的探索欲。/班主任要做的，不是"堵"，而是"疏"，是激发并引导她们对更高级的美好的追求——

打造小小男子汉 / 17

  娇生惯养不经生活捶打的男孩子，阳刚大气的一面是很难被激发出来的。/你想让孩子变成什么样，就给他贴什么样的标签。

家校联动，让劳动教育时尚起来 / 23

  我牵起了家长的手，引导家长成为我的"教育合伙人"。/劳动教育主题亲子共读，受益的是家长，更是孩子。/原本枯燥的家务劳动，因为评价、激励、展示、反思机制的建立，演变成学生展示自我的舞台。

让普通生不再普通 / 32

  这些"小透明"们，虽然平时不善表现自我，内心却一样强烈地期待着老师的关心与关注。/既然山不过来，那么我就过去！/每一位普通生都是待开采的宝藏。

用阅读点亮农村娃的天空 / 38

  不爱阅读，不能单单只责怪孩子们不够静心，这里头的原因是多方面的：更注重成绩，孩子没有好书读，不知道怎么读……/"以身作则""送进步书""阅读存折""线上阅读分享"——让孩子沉静到书里。

微表扬：且歌且舞且育人 / 43

  "重要感"是人的基本需求之一。每个人从心底都渴求被别人欣赏和肯定。/没有孩子不想做个好孩子。/"只有在集体和教师首先看到儿童优点的那些地方，儿童才会产生上进心。"——苏霍姆林斯基

第二辑　美好的师生关系 / 51

学做"灵魂有趣"的老师 / 53

  人都更喜欢跟能让自己快乐的人待在一起，都更喜欢做能让自己有成就感的事。/情绪是会传染的。/在我的办公桌上，一直放有一面镜子。我会对着镜子训练自己的微笑，也把这种善意的笑容带进教室。

给学生有安全感的课堂 / 60

  学生在课堂上能"不焦虑、不恐惧、不孤独"，才能以愉悦的心情参与到学习活动中。/如果带着恐惧与紧张的心理上课，学习效果只会大打折扣。/孩子们的声音：不要随意点名回答、带着笑意上课、互动再多些。

"戏精"老师 / 64

  "戏精"可形容一个人善于通过表演来活跃气氛或解决问题。/孩子犯错是再正常不过的，有时不必真的为此大动肝火。/学生也好，同事也罢，谁也没有责任和义务做我们的"情绪垃圾桶"。

其实也可以"不吼不叫" / 68

　　近几年与学生的相处中，我很少高声训斥学生，更极少朝他们发脾气，但教育的效果却并不见得变糟。相反，学生和我感情融洽，相处甚欢。/孩子的信息接收和处理能力有限，如果我们不停地说教、抱怨，或是生气吼叫，孩子会"信息超载""情绪过载"而导致一种师生对立。

老师错了之后 / 72

　　错误可转化为师生关系的拐点。/比起高高在上，孩子们其实更爱偶尔会出错的你。那样的你，在孩子们眼里更真实，更可爱，也更值得靠近和信任。

老师迟到了 / 76

　　我爬上这台阶，边拱手作揖，边直说"对不起"，同时感谢他们在我掉链子的时候，依然能如此自律。/我的孩子们研判了问题的症结，然后选择了最优化的处理方案。

孩子们的礼物 / 80

　　又是一年教师节，每一年的这一天，孩子们都会以各种形式送上他们的祝福，捎上他们对我的爱。/那么多年里，那么多孩子曾经捧出他们的心头最好物送到我的面前，给过我走进他们心里的机会，我却一次又一次心安理得地接过。

你嘴里的孩子什么样，他就真的什么样 / 83

　　你会经常批评孩子"拖拉""懒惰"，还是表扬他们"真棒""真努力"？/"孩子会努力成为你所期望的样子。"/教师的每一个积极评价，都将是他们努力的动力；而每一个消极的评价，也都会被孩子烙印进心里。

儿童节随想 / 87

　　孩子啊，这世间心地最单纯、交往最简单、笑容最纯粹、幸福来得最容易的神奇物种啊，你只要和他们待在一起，自己就很难不变得童真起来。/理解孩子的方式，就是成为孩子，站在他们的角度，理解他们的思维。

第三辑　问题行为，也是成长契机 / 93

一场蓄势待发的群架 / 95
　　年段拔河比赛，孩子们在决赛中败下阵来，不服输的劲头碰上挑衅的言语，班级之间一时"烽烟滚滚"。/ 这是一件极坏的事，若不是及时报告，也许会酿成群体性冲突。但我也立刻意识到，这也是一件极好的事情，如果引导得当，也许能有意想不到的教育效果。

当班级里玩起了"带货" / 101
　　这样的违规操作，的确有点玩得太大了！/ 涉及金钱的话题比较敏感也比较难把握好度，教育引导培养孩子财商，我们还需要做得更多。

关于"忘带"那点事儿 / 108
　　相比复杂的班级管理工作而言，"忘带事件"真是鸡毛蒜皮般的小事。但现实提醒着：我把问题想得过于简单了。/ 学生的问题行为，应该是学生和教师共同的最好的成长契机。

培养孩子自我肯定的能力 / 113
　　一个低自我价值的人，他是不可能自发自觉积极进取的。一个不悦纳自我的人，他是没有能量去温暖别人的。

掀起"恐怖小说"的盖头来 / 118
　　如何让孩子意识到阅读恐怖小说的危害呢？我不是权威，但我可以搬出权威的观点。/ 借由此事，跟进课外读物选择的话题，为时未晚。/ "合适的，才是最好的。"

挥别"毒友谊" / 123
　　"毒友谊"：拥有"友谊"的外衣，真相是孩子在这种关系中被欺负、被排挤、被伤害，甚至被霸凌。/ 有的孩子因为自身的弱势，为了不被同伴排斥，不惜委曲求全，事事小心讨好，这时收获的往往不是真正的友谊。/ 需要引导弱势的孩子寻找到一段健康的友谊，从中得到真正的滋养和力量。

罚你也商量 / 131

　　学生在学习上真正犯的错误，也大都是因为不懂不会，极少因为不愿。/ 学生会犯错，动机往往是想从错误中获得某种好处或快感。/ 只有符合教育目的的惩罚才是教育惩戒。

"纸条"风波 / 138

　　安全感缺乏的孩子更容易"早恋"。/ 越是开放坦白地让孩子与其他异性多接触，就越能帮孩子打破对"恋爱"和异性的好奇心。

我和学生聊"先难后易" / 143

　　作业"先难后易"的好处有哪些？为什么"先难后易"的安排更有利于学习？/ 让孩子们按照"先难后易"安排我的生活，说不定稍后就有好多孩子，会将之迁移运用到自己的生活中。

我们一起来"转念"——被学生气跑之后 / 149

　　教育这件事吧，有时就如往墙上钉钉子，大锤重力，往往会既砸崩了墙面，也敲歪了钉子。有关"遇事学会转念"这项技能，我和孩子们都需要慢慢练习与修炼——

第四辑　给每一个孩子都颁奖 / 153

师生一场，成为彼此的光 / 155

　　通常来说，孩子到学校上学是为了两个目的：学习功课和学习社交。眼下看来，相比较学业问题，梓君的社交问题更需要被关注。

给每一个孩子都颁奖 / 164

　　休业式那天，真的只给哪些表现优秀的孩子颁奖吗？那些后进的孩子怎么办？要又一次让他们做"最热情的鼓掌者"吗？"表现优秀"的标准是什么？颁奖的出发点又是什么？/ "多一把尺子衡量学生，就多一批好学生。"

潜能生的私人定制 / 168

　　学业困难的孩子，一般都是低自尊的。所以，我不断当着同学的面鼓励肯定并期待着小美。引导她看到自身优点，发现自身的潜能。/失败次数多后，学生会将成绩不理想归因于自身的无能。消极归因带来消极观念，导致他们不愿努力，最终形成恶性循环。

"哪吒"也是好孩子 / 175

　　攻击性行为其实是小学生中比较常见的一种社会行为。/表面上看起来孩子有诸多问题，而其病因，大多并不在孩子身上。/每个问题小孩，其实都是"天使小孩"！

"进步之星"诞生记 / 184

　　俊杰常常不懂如何控制情绪，不知道如何表达自己的想法。我得让他明白，他不能口无遮拦地伤人，不能不分场合地插嘴。/批评指责意味的"你语言"只会激发他的斗志，而表达自我感受的"我语言"也许可以引导他换位思考。

那个求拥抱的孩子 / 190

　　求拥抱实际上是希望被关注、被认可。/如果老师愿意给孩子机会靠近你，他们很愿意张开双臂，把老师请进他们的内心世界。特别是那些被我们有意无意忽略掉的孩子。而那以后，他们的学习生活即便身处逆境，他们的内心也将因我们的存在而多了些许温暖与明亮。

植物角的那株芹菜 / 194

　　我们为人师者要做的，就是把悲悯和尊重的目光多一点投向那些家境困难的孩子，帮助他们精神得到丰盈，灵魂获得尊严，生命得以绽放！

我们一起，与病共舞 / 198

　　因为他的病，即便他不听讲不完成作业，老师们也很少敢批评管教他；课间，也很少有同学敢找他玩。/对小凯，更像是我与他作为"病友"彼此鼓励，相互陪伴。我和他分享我的故事，分享我对他的欣赏与爱惜。

不完美小孩和不完美老师的故事 / 202

　　教育，再高明的技巧，莫如一颗"老母亲"的心。/老师与孩子，发现彼此的不完美，彼此包容，彼此鼓劲，然后一起，努力生长！

第五辑　经营家长的希望 / 207

遭遇"贪玩"家长——韧字当头 / 209

　　第一次对话失败，那我就创造机会再一次对话！/我们没有权力选择学生，更没有权力选择家长。/忍得住自己的暴脾气，耐得住家长的冷淡，掏出一颗火热的真心，还有"韧"字当头。

"家暴"的背后 / 215

　　家长先跟过去的自己和解，才能跟孩子的成长握手言和。/即便家长的规划再美好，若孩子不认可不执行，甚至反其道行之，那还不如不规划的好。/"家长好好学习，孩子才会天天向上。"

"树懒女孩"和"管不了家长" / 225

　　面对学生作业拖拉、家长不管的问题，一开始，我习惯于从外部用力，说教家长、批评学生，效果却甚微。后来，我尝试从内部用力，让家长和学生看见自身的力量，获得努力的方法，看见进步的希望，使家长和学生的内驱力被唤醒。

家校合力，破解"二胎综合征" / 231

　　在失去某些东西时，采取措施来防止资源流失，甚至主动出击争夺资源，其实这是人类的本能。/教师专业化的爱，携手家长无条件的爱，合力成科学而理性的爱，帮助孩子走出困惑。

当孩子迷上了游戏 / 237

　　电脑游戏并非十恶不赦，它只是时代发展的一个产物，是我们娱乐的一种选择，只要处理得当引导得法，适度的电脑游戏也能为孩子的成长助力。/帮助孩子"移植快乐"，通过其他方式激发孩子的成就感。

家访备课：拨动心弦的艺术 / 245

　　成功的教育一定离不开家校双方的同频共振，只有真正触动了彼此的心灵，教育才会真实发生作用。/教师家访，就好比教师上课，是专业性极强的工作。/以怎样的理解看待家访这件事？家长是什么类型？孩子在学校是什么情况？家访要达到什么效果？这都要求我们进行家访的备课。

第一辑

一间自由生长的教室

一间自由生长的教室是什么样的?

我和孩子们用我们的成长经历来作答:它是尊重个体、适性生长的能量场,是挥洒汗水、收获丰盈的实践场,是滋养灵魂、探索世界的阅读场,是唤醒自我、点亮希望的精神场,也是师生共生共长、彼此成就的生命场。

开学礼：教育，从经营关系开始

亲其师，方能信其道。顾明远先生就曾说："师生关系是一股巨大的教育力量。"李希贵校长也曾说："教育学就是关系学。"而在我的多年教育实践中也不断发现，优质的师生关系，是比再多的创新教学理论、教学方法、教学模式更重要、更本源、更能影响学生高效学习、帮助学生健康成长的关键因素。

因此，新学期伊始，我便郑重其事地为新一届的孩子们准备了几份"开学礼"。礼物虽轻，但这样的见面礼，于投资美好的师生关系而言，绝对是一本万利的。

开学礼之"清零"篇——呵护一份希望

很多知名班主任在介绍带班经验时，多半会分享一条——全面了解学生。例如，开学之前，要从学籍档案中、前任教师口中，或者家访中，大致了解学生的概况，以防"不知彼"造成日后"盲人瞎马"而陷入被动的状态。

我当然也会进行了解，但只是通过阅读学籍档案了解孩子的家庭结构，在与前任班主任的对话中了解孩子的身体健康状况。至于其他，我一概不问不听。

因为我始终相信：每个孩子都想做好孩子。特别是对于那些暂时落后的孩子来说，新的学期，新的老师，他们是充满期待和忐忑的。期待自己可以"从零开始"，却又忐忑于新任老师是不是已经提前掌握了自己的

"斑斑劣迹"。

为了保证自己不陷入首因效应的怪圈，不在开学初就不自觉地给他们贴上诸如"学霸""学渣""捣蛋鬼"之类的标签，我首先从自己的心理上，将每个孩子的过去进行了"清零"处理。

开学第一面，我告诉孩子们："从前无论你是优秀的，还是普通的，或者是暂时落后的，都只是代表过去的你。太阳每天都是新的，新学期的你，一样也是全新的！期待你展示最美好的自己，让我尽快认识你哦！"因为我坚信，在美好的新起点上，我的眼里"看见"了每个孩子，小心经营好每个孩子"想做好孩子"的希望，他们一定也能从我的眼里，看见一些诸如叫"尊重""平等""安全感"和一种叫"希望"的东西！

开学礼之"书信"篇——经营一种信任

开学初，可以跟他们谈谈规矩，也可以谈谈理想，总之，其实有太多话想告诉他们。但我的絮絮叨叨、深情款款，他们感动之余，又记得住多少呢？不如给他们写封信吧！

感恩遇见　感谢信任
——孙老师给五（7）班孩子的第一封信

亲爱的孩子：

你好！

我是你五年级的语文老师，很高兴能认识你，很荣幸能做你的老师，很期待在接下来的时间里，我们一起快乐学习，幸福成长！

此刻正在给你写信的我，其实对你还一点都不了解。你有多高？你是男孩女孩？你笑起来会有多好看？你读课文的声音会有多好听？哇哦，新学期，真美好！因为一切都是新的，就像刚拿到的散发着油墨香的新课本，就像刚进入五年级的全新的你，向我们展示着不可估量的美好。

所以，站在全新的起点上，老师想送给你几句话：

第一句话：请感谢那些批评你的老师。

孩子，你知道吗？在老师自己小的时候，如果被我的老师批评了，我的爸爸妈妈是会狠狠训斥我的，不管我有没有做错什么。他们还会带着我去向老师道歉。他们告诉我：老师批评我，是为我好，是把我当自己的孩子看。后来我渐渐明白了什么叫"爱之愈深，责之愈切"！可以说，我的成长，离不开父母，更离不开我的每一位老师对我的严格要求！所以啊，亲爱的孩子，希望你不要对那些严格要求你的、会批评你的甚至会找你家长告状的老师心生敌意，相反要心怀感激。因为，只有真正负责、真心为你好的老师，才会顶着种种压力和风险，苦口婆心地教育你，想尽办法地帮助指导你。因为，老师期待着你的成长和成才，这是老师的神圣职责，此外，更是因为老师对你有着老父亲老母亲一般浓重深沉的爱！

第二句话：读书肯定苦，但不读书的人生更苦。

有没有人天生就是学霸？孩子，真没有！你看到的那些成绩很好的同学，大部分都是在别人玩游戏、看电视、刷手机、聊八卦的时候，静下心来跟自己死磕，把学习当成一种兴趣。其实这个过程，真的很辛苦！

也许你就要问了，那读书的快乐究竟来自哪里？我曾问过我上一届学生同样的问题。你们的师哥师姐是这样回答的：学习的快乐，来自辛苦努力获得的回报，来自作业本上那一个个红艳艳的"√"，来自试卷上那一个个漂亮的分数，更来自解决问题收获知识时的成就感，来自满足好奇心又诞生新好奇的探索欲……

所以亲爱的孩子，你一定明白了吧：没有学习过程中一步一个脚印脚踏实地中吃下的苦，又哪里来收获时的神采飞扬、笑逐颜开呢？

所以亲爱的孩子，读书究竟苦不苦？苦，也不苦！关键在于你怎么选择，选择先苦后甜，还是选择轻松一时，然后无尽的痛苦。

亲爱的孩子，你那么聪明，一定知道怎么选！

第三句话：阅读是你拥抱世界的方式。

孩子，五年级的你，正像在春天里抽芽长叶的小树苗，生机无限，未来无限。而阅读对你来说，意味着什么？阅读就是在你生命的春天里浇水、施肥、松土，慢慢地一点点地滋养着你的身体和灵魂。那些读过的文字，有的，会在当下立刻帮助到你，而更多的，会悄悄积淀进你的灵魂深处，成为你身体的一部分。将来的某些时刻里，你读过的书，会源源不断地，甚至以核裂变的形式，输送给你成长的能量，让你长成参天大树，帮助你以比旁人更阳光更智慧的姿态，拥抱这个美好的世界！

孩子，其实老师还有很多很多话想跟你说，好在啊，我们可以有好长好长的一段时间彼此陪伴度过。所以我们约定好不好，在接下来的学习生活中，我们做师生，更做朋友，做成长伙伴。老师愿意倾听你，老师也会继续把我说给你听。让我们一起学习，一起成长，好吗？

祝你学习快乐，生活快乐！

你的大朋友　孙亦华

2019 年 8 月 31 日

我憧憬着，这封信，孩子们会在日后反反复复多次拿出来阅读，细细品味，慢慢咀嚼，渐渐读懂我的用心良苦。我更憧憬着，这封信，也会让孩子的爸爸妈妈们，透过文字，感受到我的亲切与温暖、真诚和努力，然后慢慢信任我，渐渐喜欢我，并安心于把孩子交到了我的手里！

而这封信，只是序曲。在今后的相依相伴中，我还有很多话，会通过这样的方式，讲给我的孩子们和我的家长们。在很现代的社会，用很古老的信息传递方式，拉近教师与学生、家长心灵上的距离，在一份份书信的传递过程中，彼此相熟相知相伴，在最最美好的师生关系、师长关系中，实现教育的共赢。

开学礼之"书香"篇——传递一种理念

我是个极爱阅读的人,而阅读带给我的好,自然不言而喻。于是我很想让阅读也成为我们班孩子们的生活方式。尤其是,我的这届娃娃们,一半是农村原住民孩子,还有一半是新居民子女。如果说读万卷书和行万里路是孩子丈量世界的方式,那么我的这群娃娃,困于家庭条件,"行万里路"对他们来说,是一种奢求。

所以,第三件开学礼物,就是一本我购自某宝的阅读存折。男孩子蓝色的本子,女孩子则给她们买了粉粉的颜色,满足她们的公主心。

翻开阅读存折,孩子首先需要填写开卡信息,具体包括姓名、爱好、出生日期,以及最喜欢的作家、最爱读的书等等。开卡页的右上角,还有一个贴照片处。孩子们个性化地布置了这个部分,有用大头贴的,有用证件照的,还有的娃娃特地请家长给拍了照片P了图再贴上去,带着小心机的仪式感,童趣又郑重。

开卡页最下面的《阅读银行开卡宣言》部分,是需要我着力引导的内容:本人愿意自本存折启用之日起,保证每天抽出(　　)分钟阅读。

我建议孩子们根据自身作业速度合理规划,量身定制一个跳一跳可以达成的阅读时间。"等达成这个目标了,觉得自己还可以安排更多时间,你可以再做调整。"我这样指导他们。阅读本是享受,可不能变成负担。若目标过大过高,行动就会受到自信心的影响,如此一来,再高远的目标,也是形同虚设。

在合理制定了每日阅读时间后,我和孩子们一起,从马克笔中挑选最喜欢的颜色,把大拇指涂了又涂,再郑重其事又欢乐无比地,在宣言的右下角按下了我们的手印。

阅读存折正页上,分别有日期、书目、存入、支取、余额、操作员栏目。我和孩子们约定,每日将阅读的页码数作为阅读金额存入存折,由家长或组长担任操作员负责记录。阅读金额累积到1000时,就可以选择

"支取"——到我这里换取奖励啦!

我希望通过这种积累阅读财富,表彰阅读先进的方法,激励孩子广泛大量地阅读,也激发家长对于阅读的重视,从而帮助孩子把更多书籍中的营养带进教室,让每个孩子都领悟:教室虽小,胸怀和眼界却可以很大。经由阅读,我们一样可以站立于书本方寸,纵横古今,放眼全球。

开学礼之"甜蜜"篇——开启一段美好

我去超市给每位孩子买了一根棒棒糖。开学那天,亲手送到每位孩子手上,并让孩子们边品尝,边猜我的用意。

孩子们吃着甜甜的棒棒糖,脑洞也大开。我口含棒棒糖,也乐呵呵地听着他们的各种猜想。在一场轻松愉快的师生对话中,他们最终明白了我的三层意思:

第一,制造一份仪式感。所谓仪式感,就是使某一天与其他日子不同,使某一时刻与其他时刻不同。这是我和孩子们的初次见面啊!一份甜蜜蜜的小礼物预示着新的学习旅程从此开启,而我是那个想一直甜甜地陪伴他们走下去的大朋友,这就像对他们这一年学习生涯的加冕。因此,与其说是仪式感,不如说是存在感,是让他们在开学伊始就朦朦胧胧地感觉到,我对他们的重视与珍爱。

第二,送上一份祝福。有一种传说,在犹太人家里,小孩子稍微懂事,母亲就会翻开圣经,滴一点蜂蜜在上面,然后叫孩子去吻圣经上的蜂蜜。这仪式的用意是,让孩子们明白书本是甜的。

而我赠送的这颗棒棒糖,其实异曲同工。在开学初的第一次见面时,一边吃着甜甜的棒棒糖,一边和我轻轻松松地聊人生聊理想,这仪式里有一份美好的祝福:希望孩子们和我的师生情甜甜蜜蜜、长长久久,希望孩子们的学校生活轻轻松松、快快乐乐。

第三,传递一种信任。选择棒棒糖,取意"棒棒"。我跟孩子们讲,孙老师从来不会以分数作为衡量一个学生的唯一标准,我更多关注的,是你有没有尽自己的最大努力学习，是不是愿意在力所能及的情况下帮助同学和集体，能不能很好地与同学合作学习，敢不敢正视自己的缺点并改正……在老师的眼里，只要你跟自己比，是在一点点进步着的，是能保持稳定状态的，或者即便退步了也能逆流而上的，你就是那个"棒棒"的好孩子！

　　这四份礼物，也许已经深深击中一些孩子的心灵，让他们从此对学习有了更浓厚的兴趣，从此更喜欢校园生活。又或者，也许激动之后，大部分孩子的心上，能留下的并不多。但这又何妨呢？我深信，只要初心以对，我在孩子们身上倾注的用心，时间看得见，孩子们最终一定也会看见。

"女神"养成记

春暖时节，班里的孩子们也像这春天的花啊草啊，疯长。特别是几个女孩子，不仅长个儿，她们小小的心田上，也萌生了一些美丽的小苗儿。你看——

镜头一：去阶梯教室上影视欣赏课，我允许孩子们自己选座儿。很自然地，男生一波，女生一波，泾渭分明。唯独那个高高瘦瘦的女孩儿小白，挤在男生堆里，坐在了班级里最帅气的男生小徐后面，然后一直羞怯地笑着……

镜头二：小楠，这个来自内蒙古的女孩子，有着马背民族的剽悍和勇猛，一言不合就对男生拳脚相加。偏偏有好几个调皮的男生喜欢去惹她，然后一群男生就开始上演"教室大逃亡"的戏码，而小楠则负责"惩奸除恶"的戏份……

乍一看，也许会生气。细一想，却又高兴：我的女孩子们，已经先于男生进入了一个无比美好的人生阶段——青春期。她们所表现出来的朦胧躁动和好奇，不正是她们对未知美丽世界的探索欲吗？作为班主任，我要做的，不是"堵"，而是"疏"，是激发并引导她们对更高级的美好的追求——

寻找典型，引导审视自我

正巧，语文有一个单元习作主题是"我的同学"。于是，我给孩子们布置习作要求：

"这次习作题目是《＿＿＿＿女神×××》，要求用一两件小事，来写我们班某位具有'女神'特质的女同学。注意一个小要求，习作内容中不能透露该女生的真实姓名。到时候，作者来读，大家来猜。"

第二天，"女神"作文交上来了。我一看，果然情真意切，写真"女神"的，字字溢美之词；写"女神经"的，善意的点醒中不乏幽默：

> 记得那是我转学报到的日子，一眼望去，陌生的班级里都是陌生的人，而我孤零零地站在一旁，不知所措。这时，她看见我了，一边朝我微笑，一边招手示意我坐她边上。她那平凡的脸蛋因为那温柔的笑容，霎时间美得胜过万物，让我不可直视……

哦，这是在写咱们班的温柔女神小颖，大家很快就猜出来了。而小颖更是笑开了花。再听——

> 课间，如果你恰巧从咱们班教室路过，只要往里一看，总能看见一个高高瘦瘦的小女孩，安安静静地坐在座位上。虽然外面同学们的嬉闹声很大，但她却捧着本书，正读得津津有味呢！……

同学们几乎异口同声地喊起来——"智慧女神"雨婷！
而那篇真正的猛料，我则安排在了最后一个——

> 不瞒你说，"野蛮女生"这个外号是我为她起的，因为我们曾经同桌，我饱受比躺在太上老君的炼丹炉里还要难受的滋味。

记得有一次，我一不小心碰掉了她的文具盒，还没来得及说对不起，她就已经露出了狰狞的面目，我吓得大气也不敢出。只听"啪！啪！啪！"几声巨响，我的笔盒已经变得面目全非了，可是我愣是连吱一声都不敢，更加不用说还手了……

同学们一边听，一边笑得前仰后合。而真正的"女主"，则不好意思地低下了头。

没等同学们喊出她的名字，我就接过了话题："就如同学们作文中所写的，我们班每位女孩身上各有所长，各具优点，但离真正成为'女神'，都还差了那么一点点。那么，要不要玩一个'女神修炼计划'？"

女生们羞涩而兴奋地交头接耳，而男生们则各种搞怪表情。

制定"攻略"，引领自我教育

"女神修炼计划"，女生们自然要唱主角，但也少不了咱们班男生的参与呀，让女生们知道男孩子们眼里的"女神"什么样，对于她们的心理成长，乃至将来的感情生活，都是大有裨益的。

于是，在我的提议下，全班按学习小组进行"女神修炼攻略"（女神标准）的制定。一个多星期的忙碌，经小组讨论、班委整理后，班级"女神修炼攻略"出炉：

女神修炼攻略

TOP1：身体健康。热爱运动，能坚持锻炼身体，且至少有一项擅长的运动项目。病恹恹娇滴滴的样子可不是人人都喜爱的哦。

TOP2：学习态度端正。成绩好坏不重要，重要的是你有没有竭尽全力。

TOP3：积极乐观。不要总在意自己遇到的困难，只有积极向上的态度才会让生活变得美好，相信明天一定比今天会好。

TOP4：友善待人。在力所能及的情况下，真诚帮助那些需要帮助的人。懂得换位思考，将心比心。

TOP5：热爱阅读。读书是我们看世界的方式之一。越读书，越漂亮。

TOP6：爱好广泛。除阅读之外，至少也要有一项兴趣爱好。广泛的兴趣爱好能让你的生活多姿多彩。

TOP7：勤俭节约。父母给你的钱也不是白白得来的，请理性消费。不比吃穿比读书！

TOP8：举止得体。不做"娇娇女"，不做"母老虎"。不随便朝人发脾气，懂得控制自己的情绪。

鲁迅先生曾强调，教育的根本目的就在于"立人"。那么，我又该如何用好这份"攻略"，帮助女孩子们在自我教育的过程中，把"精气神"给立起来呢？

我联系了广告公司，将"攻略"进行了美化，彩打后送给每位女生，建议女孩子们贴在自己房间醒目的位置，每天早晚各读一遍，进行自悟、自省。我还将此建议在家长微信群进行分享，得到了家长的一致认同和点赞。

"私人定制"，助力自我觉醒

"攻略"制定后的一个多星期里，班级面貌的确有了一些改观，特别是那位剽悍的蒙古族女孩小楠，真的安静了很多，特别是一看到我进教室，她就会立刻回座位坐好。

欣慰之余，小楠的行为带给我的，更多的则是隐隐的不安。

教育学者张文质曾说："教育要做的事是承认差异，教育不是只给学生一条路，而是要开启尽可能多的方向，让每个人都得到光亮，都相信自己能得到光亮。"那么，"女神修炼攻略"的定制，究竟是为了约束学生？

还是帮助她们真正获得成长，发现自己的光亮？

必须承认，由集体讨论而成的标准，更具"共性"，更符合大众审美，却未必符合个体真实的心理需要和发展需求。共性的"修炼"，必然一定程度上抹杀个性的张扬。如果，我多一把尺子衡量女孩子们，就会多很多风格迥异的真"女神"吧！

于是，利用班会课，我和孩子们又聊起了天：

"'攻略'出台半个月以来，咱们班的女孩子真的越来越有'女神'气质。所以，我们的'女神修炼计划'要进入第二阶段——'百花齐放'。请女孩子们对照自身特点特长，为自己量身定制一份只属于你个人的'女神修炼攻略'，还要给你的攻略取个名字，比如'智慧女神''爱心女神''坚强女神''孝心女神'等等。老师等着拜读你们的'私人定制'哦！"

第二天一大早，25份"私人定制"的攻略就已经躺在我的办公桌上了。我怀着好奇心，一一读去。读到小楠给自己定的攻略时，我忍不住笑出声来——

"运动女神"修炼攻略

TOP1：上课认真听讲，作业及时完成，争取各科成绩都有进步。

TOP2：每天傍晚认真参加校体训队训练，争取在县田径赛拿回铅球和铁饼前三名。

TOP3：每天早上到校后自觉慢跑4圈，让自己体育成绩变更好。

TOP4：认真上体育课，并协助老师管理好体育课纪律。

TOP5：课间文明休息，不追逐打闹。

哈哈哈，这丫头，对自己倒还是很了解的！"运动女神"，真好啊！作为连续两年县运动会奖牌获得者，这个称号，她是当之无愧的。如果她真能按着自己定的目标努力下去，过不了多久，她怕是要"文武全才"了！我兴奋地想着，并决定利用晨会课，立刻再点把火。

我和女孩子们约定：1. 将攻略认真誉写，美化，张贴，学习。2. 每月末以自评、互评相结合的形式进行评比，获评"女神"的同学，事迹、照片将展示在教室外墙向全校展示。

"耶耶耶……"教室里又兴奋开了。

我的内心也是欢悦的，因为我知道，教育，其实就是做两件事：一是价值引导，一是自我构建。

在集体制定攻略过程中，我已经借助集体智慧，无痕完成了对于"女神"这一概念的价值引导。但，这样的引导，更多是一种"他人教育"，有强制要求学生去做到的成分，效果未必很好。因此，我又跟进了"自我构建"的过程，通过鼓励学生进行"私人定制"，变"想我好"为"我想好"，这个自我要求并努力达成目标的过程，就是真正意义上的自我觉醒、自我教育、自我成长的过程。

阅读传记，涵养自我成长

我们的教育是指向孩子们未来的工作，如果我们期待孩子以后的生活能够美好一些，那么这个美好的萌芽要从我们今天的教育做起。

如今，"女神"计划经过集体攻略、私人定制和每月评选，已经初见成效了，于是我又开始思考：抛开标准、评选，我的女孩子们是不是也会将这些美好一直保持下去呢？

我自己有阅读名人传记的爱好。阅读传记，可以激发人的志向，丰富人的阅历，增强人的信念。因此，我跟女孩子们说："去读著名女性的传记吧，与美好的心灵做伴！"

在我的引导下，女孩子们相继阅读了《假如给我三天光明》《居里夫人》《天鹅》《风雨哈佛路》等，还开展了多次主题阅读交流活动。

"女神"计划历时一个学期，很多女孩子，从春暖花开时的驿动，到学期后半段时的沉静努力，正一步步朝着她们心目中的美好，踏实前行着。

特别是那个曾经羞涩跟随在男生身后的小白，已经在"智慧女神"攻略的引领下，将毕业考目标锁定为考上博才（我县最好的初中）。而曾经牢牢吸引她目光的那个男生，估计现在已经因为惊觉他的黯淡而早泯然路人了吧。

当然，活动开展过程中，也有男生对我提出意见："为什么这么偏心女生？只修炼她们，不修炼我们?"我每次都是玩笑口吻："女孩子要富养啊！"

其实，我也有我的小心思：古人造字"安"，屋内有女，贤良淑德，即为"安"。家庭的幸福与否，百分之八十取决于家庭女主人。治班如治家，也是同理。一个班级中如果女生善良、阳光、智慧，那么这个班的男生一定会受影响，也变得主动上进。并且，一个学期的实践证明，事实确实如此！

打造小小男子汉

儿子渐渐长大，到了八九岁的时候，我发现他身上越来越多我的影子，最令我担忧的是，他大笑时会不由自主地用手遮住嘴巴，嗔怪人的时候会嘴里带着"哎哟"，手上搭配兰花指一甩……与我心中的小男子汉形象相去甚远。

我查阅了很多资料，也与爱人进行了深谈，初步得出结论：

第一，父亲陪伴的缺位。由于爱人工作繁忙，儿子的教育陪伴基本都是我这个妈妈在做，儿子对于"男人应该是什么样子"，脑子里很可能是没有概念的。

第二，生活历练的缺失。儿子生活在"5+1"结构的家庭中，集祖辈父母辈的万千宠爱于一身，除了学习，其他一切都由妈妈爷爷奶奶甚至太婆代为打理，应有的生活历练几乎全部缺位。娇生惯养不经生活捶打的男孩子，阳刚大气的一面是很难被激发出来的。

第三，学校教育的缺陷。不可否认，现在的学校教育更偏向于女生——男生天性活泼好动，但常被批评为"调皮捣蛋"；男生的大脑结构决定着他们很难"一心多用"，却常被误解为"老像没长耳朵"；男生更习惯动手又动脑这种学习方式，因此在以讲授为主的课堂上，男生常会"神游万仞"，然后招来一顿教育……于是，批评多了，否定多了，个性收敛了，阳刚之气也就慢慢消失了。

许是职业习惯，在反思对儿子的教育时，我也想到了自己班的男孩子们。自家的，别人家的，横竖都是我的孩子。更何况，我在班级里做"女神计划"，男孩子们说我偏心。那就一起来一场"小小男子汉"的打造行动吧。

开一门"电影课程"

电影是儿子的最爱之一，我就下载了很多好莱坞大片，陪着儿子一起看。儿子总跟我说，妈妈，我长大了也要成为×××。孩子善变，每看一部电影，就会有新的想法产生，一会儿想做勇敢帅气的美国队长，一会儿想做智商情商均在线的钢铁侠，一会儿又想成为正义又搞笑的蜘蛛侠……

我受此启发，也给我班里的孩子们开了一门"电影课程"，专门利用阅读课和周末时间组织观影活动，有针对全体学生的，也有分性别的。其中男孩子们，我推荐了《狮子王》，还有《变形金刚》《钢铁侠》《蜘蛛侠》《哈利·波特》等。集体或分散观影之后，我常会和孩子们聊剧情，聊人物，谈自身体会。渐渐地，我们班的男孩子心中都住进了一个"超级英雄"，他们也朦朦胧胧地明白了"男子汉"的大致概念——

除去发达的肌肉和帅气的脸庞，超强的大脑和正义的胸怀，也会有无伤大雅的小癖好和各种性格缺陷，但只要心中有大爱，只要朝着自己的梦想不断努力，谁都可以闪闪发光。

买一套"男子汉小读物"

《红海行动》热映，儿子看得热血沸腾，说长大要当特种兵，问可不可以买一套特种兵装备。我于是立刻想到了一套名为《特种兵学校》的读物，买来送给了他。他如获至宝，半个月不到就读完了20本。

我向他借了带给自己的学生，一时间，男孩子们争相借阅，班级里掀起了"特种兵热"，甚至还有男生也叫家长全套买来，主动要借给其他同学。

我趁热打铁，又做了功课，给男孩子们列了阅读书单，如《海底两万里》《鲁滨逊漂流记》《跟着贝尔去旅行》《福尔摩斯探案集》等。我跟男孩子们说：好好去读这些书吧！它们能让你们变智慧，更能让你们变成真正的男子汉。

他们贼贼地笑，然后也认真地看。

我也跟着甜甜地笑，对我的小小男子汉们的未来，充满了无限期待：即便长相平凡，衣着普通，但他们依然会在人群中闪闪发光。那是文字涵养浸润出来的独特风度、气质，让他们举止得体，阳光灵动。

晒一个"男子汉故事"

多年来，我有个习惯，记录儿子的成长故事。一次，我把儿子照顾我的小事发到了朋友圈，获得点赞无数。当我把圈友们的点赞和评论给儿子看时，他小小的脸上充满了骄傲，嘴里却说着："妈妈，你别这样高调！我是家里的小小男子汉，爸爸不在家，我照顾你是应该的呀！"

我由此获得灵感，在班级群中号召妈妈们发现并记录下孩子们的日常小故事，并配上文字，发个朋友圈，尤其是男孩子。一时间，群中的妈妈们纷纷开始晒娃。一位妈妈配图配文曰：都说"小棉袄"贴心，咱家的"皮夹克"也暖心啊！我看了笑得合不拢嘴，就把看到的晒娃图截屏下来，彩打出来，并附上我的评语，张贴到教室文化墙上。孩子们围拢着看，嬉闹着笑。我也跟着笑，心里美滋滋的：一位身边榜样的力量，很多时候可远胜于我这个老师一吨的说教啊！

设一个"爸爸论坛"

我查阅资料后才明白：男孩到了6岁左右，会更喜欢和爸爸或其他男性在一起，想向他们学习，模仿他们。他们的目的就是学着如何成为一个男人。如果在这个时候，父亲忽略了这一点，陪伴缺位，那么男孩子的成长过程中就会出一系列状况。

惊觉自己家庭教育的问题，我利用家长会与全体家长谈了亲身经历，并发动爸爸家长参与到了"爸爸论坛"活动中：借助班级微信群，利用语音功能，每周六晚上邀请一位爸爸进行10分钟的家教经验分享。部分主题由我根据科任教师意见确定，主要针对班级各科学习中存在的问题；部分主题通过"问卷星"系统对家长进行问卷调查后确定，主要针对家长普遍关心的家教困惑；还有部分主题由我确定，主要是面向学习成绩暂时靠后的学生家长群体，回避学习问题，转而邀请家长分享孩子在特长、性格等方面的培养经验，力争让每位爸爸家长都能通过这样的活动看见"希望"，有存在感与尊严感、有理念有方法地参与到对孩子的教育管理中。

贴一个"小绅士标签"

儿子曾因被分派打扫厕所的任务而跟我倒苦水。我引导他："说明老师眼中的你既勤劳又能干，还肯吃苦，才会把这么繁重的活儿交给你！老师得有多信任你啊！"那以后，儿子干得热火朝天，有时还会跟我分享冲厕所的"经验"。这就是我的小小男子汉啊，你相信他的能干，尊重他的付出，他真的就可以为你流血流汗！

班级里，我把抬饭盒、分饭菜、倒泔脚、清理卫生角、开关教室门、管理电教设备等等一系列最繁琐最脏最累的活儿，统统分派给了男孩子。一开始他们也有意见，我开玩笑道："所谓'绅士风度'，首先是会照顾女生。想做'小绅士'的男同学举手！"他们伸伸舌头咧嘴乐，然后纷纷举起手，再然后干得屁颠儿屁颠儿的。

教育有时就是这样，你想让孩子变成什么样，就给他贴什么样的标签。而小学高段的学生又特别在意自己在同伴心中的形象，尤其是异性同学。贴个"小绅士"标签，其实是一种隐形的道德引领，让男孩子们在群众雪亮的目光中，自觉不自觉地，一步一步地朝着"绅士"的标准去努力。哪怕是贴出来的"绅士风度"，贴着贴着，习惯成自然之后，也就真的活成了标签的样子。

搭一个"男子汉舞台"

光会干苦力，可不叫绅士！我想培养的，是"四体勤健、头脑发达"的真正男子汉。所以，除了要给足男孩子展示雄性力量的机会，更要给他们搭建一个展示雄性智慧的舞台。

一是借拓展课程和校外培训课程，补其短板。如鼓励文弱一点的男孩子选修篮球、足球等拓展课程，课外参与网球、跆拳道等培训活动，希望他们通过竞技体育锻炼力量，激发勇气，磨砺意志；鼓励勇武有余的男孩子选择电子百拼、电子机器人等益智类拓展课程，参与绘画、魔方等校外培训项目，希望他们通过课程学会遇事平心静气、用智慧解决问题。

二是借主题活动，扬其长板。如运动会，女生比赛项目的训练，均由男生负责陪练，以此培养男孩子的班级主人翁精神；学校组织读书小报制作比赛，我规定女生交手写稿，男生则交电子小报，这一举措，使过去缺乏自信的男生也看到了获奖的希望，纷纷报名参赛。

最值得一提的是，家校联动的劳动教育中，我要求全体学生认领至少一个家务劳动小岗位，而男生必选岗位为"倒垃圾"。我跟家长讲：培养真正男子汉，从家务劳动的不怕苦不怕累开始。家长大多能配合，男孩子们也从最初的不太情愿，到后来在群中日日打卡氛围的影响下，慢慢养成了习惯。特别是垃圾分类进家庭之后，很多男孩子已经自觉担任起了家庭垃圾分类监督员的工作，累并快乐地工作着。

细细回想，其实这些活动都是零敲碎打地，无痕渗透于班级活动中，但看似无序，却又自成体系。关键就在于，这些事情，我一直在坚持做着，而且是抛开了学生眼前的分数，更关注男孩子们将来的幸福生活，所以我才舍得宁可少抄两遍考试必考的词语，也要求写完一则试卷上永远不会考的"微影评"；我才舍得宁可少布置一项书面作业，也要孩子们坚持每天完成家务劳动；也才会舍得宁可不讲试卷上很可能考到的题目，而花费早自修的时间对家务打卡的情况进行点评反馈。所以，也才会有了网络上公号上盛传的"娘炮"现象，在我的班级里几乎绝迹。

　　大概这就是教育吧。只要我们有心，用心，或多或少，或浓或淡，我们的付出，总会在孩子们的身上留下一些印记，或在当下就呈现出教育的影响，或成为孩子生命个体成长的底色，在将来的某些时刻，莹莹闪光。

家校联动，让劳动教育时尚起来

劳动教育作为五育之一，对于学生成长的积极意义毋庸置疑。但劳动教育真正要落小落实，也是有难度的。学校教育不够重视是一个原因，但另一方面原因也在家庭。就如我们班，"10后"的学生，大多是"2+1""4+1"的家庭结构，绝大部分家长不舍得让孩子从事家务劳动。家长以爱的名义"剥夺"孩子劳动的空间和条件，孩子勤劳品质的孕育和养成便缺乏土壤。如果只一厢情愿地在学校里抓落实，却忽略了家庭才是影响孩子成长的最大底色，劳动教育多半也会遭遇"5+2=0"的尴尬。

正视学情，从教育现实出发，我们班的劳动教育，着力点主要在"家校联动"。我牵起了家长的手，引导着家长成为我的"教育合伙人"，我们一起帮助学生习得基本的劳动技能，树立积极的劳动观念，引导学生领悟幸福生活基于辛勤劳动，努力让"爱劳动"与"爱学习"一样，成为我们班的流行风尚。

亲子阅读吧——劳动教育很重要！

"亲子阅读吧"是我们班课外阅读课程的保留节目：一定时间内，推荐一定量书目或文章，鼓励家长与孩子共同阅读，分享感受，并且利用班级微信群进行主题互动。为了更新家长的育人理念，我将劳动教育与阅读课程进行整合，经常在微信群中推送劳动主题的文章，诸如介绍中外学生劳动时间及体质健康的差异，子女娇生惯养的危害，"啃老"社会新闻的反思等，发动家长与子女进行共读。

一篇关于西方劳动教育评价体系的文章就曾引发了家长群热议：欧美国家学生最希望得到有关劳动技能和劳动态度的高分评定，其次才是学业成绩，因为前者更能衡量出一个人的社会责任感，对以后入职有更大的影响。这给了家长们巨大的思想冲击。家长们纷纷发言，反思自己的家庭教育：

> 以前一直觉得孩子还小，只要管好自己的学习，其他事情都不用操心。经过老师的推荐阅读，才明白我们这样的"爱"，真的太狭隘了。
>
> ——雨薇爸爸
>
> 读了这些文章，有种醍醐灌顶的感觉。光会学习，不会劳动，眼高手低的孩子如何适应将来的快节奏高强度的社会生活挑战啊！
>
> ——马明爸爸
>
> 爱孩子，就要给孩子真正需要的。今天的放手成全，才会有孩子明天的自由翱翔！谢谢老师给我们推荐这样好的文章！
>
> ——汪璐妈妈
>
> ……

以文字为媒，以阅读为纽带，劳动教育主题亲子共读，受益的是家长，更是孩子。家长在阅读中日渐更新了教育观念，重视起对子女的劳动教育，而孩子们也透过家长的言传身教，潜移默化地觉得"劳动"是一件很光荣且很有意义的事情，大部分孩子开始愿意自发地承担起力所能及的家务劳动。

家务劳动小岗位——劳动着！快乐着！

劳动主题的亲子阅读，让家长和孩子们热血沸腾，造势已经成功了，下面就该真刀真枪地干上一场了。于是，我又一次适度地介入家庭教育中，将家务劳动作为每日作业布置给学生，指导家长在家中给孩子设置"家庭劳动小岗位"：

第一，认领一个家务劳动小岗位。由亲子共商，确定孩子每天适当的常规家务劳动量，确定一个家务劳动的固定岗位，如扫地、洗碗、倒垃圾等。

第二，每半个月掌握一项家务劳动新技能。家长则负责每天帮助孩子打卡，从完成度和劳动态度两个方面进行评价。同时我鼓励家长将孩子的劳动过程以照片、视频的形式进行记录保存，发朋友圈展示。

劳动着，收获着！快乐着，成长着！
——六（3）班"家务劳动小岗位"打卡表

打卡日期＿＿＿＿——＿＿＿＿打卡人＿＿＿＿见证人＿＿＿＿

内容	星期一	星期二	星期三	星期四	星期五	星期六	星期天
常规岗位（　）							
劳动新技能（　）							
一周总评							

说明：

1. 常规岗位评价标准：A. 享受劳动；B. 认真劳动；C. 完成劳动。
2. 本周新技能评价标准：A. 熟练操作；B. 基本掌握；C. 未掌握。

每周五晨会课，是我们雷打不动的"家务劳动岗位活动"阶段性小结时间，我把从家长处获取的学生劳动的视频、照片、朋友圈等，在班级中进行展示，也鼓励孩子以微感言的形式写一写劳动体会。

不少孩子的感言文字朴实，感情真挚：

以前习惯了回到家就上桌吃饭，吃完饭就自顾自去做作业了。好像父母为我准备好一切都是理所当然。从来没有想过，为父母打碗饭，接过父母吃完的饭碗，也是我的理所当然。当每天为家人盛饭成了我的劳动小岗位，我才知道，每天坚持做好这件小事，也不容易。而从前，我从来没有想过，父母那么忙碌，还要这样无微不至照顾我，他们有多不容易！

——何清

我这半个月在学习煎鸡蛋。我最爱吃煎鸡蛋，以前每天早上都是奶奶帮我做。现在我尝试自己做，然后每天早上都是手忙脚乱，身上还带着点油烟味。哎，辛苦啊！我不是说自己辛苦，我是说奶奶以前每天坚持给我做煎鸡蛋，她得有多辛苦啊！

——姜雨薇

……

从从不劳动，到坚持每天劳动，再到参与家务劳动成为一种生活习惯；从被动做，到主动承担，到乐在其中；从手忙脚乱，到轻车熟路，到成为生活技能；从安然享受家人的照顾，到学习依靠自己的力量，到为家人献上自己的劳动成果……原本枯燥的家务劳动，因为评价、激励、展示、反思机制的建立，而演变成了学生展示自我的舞台、品质历练的媒介、自我教育的途径。孩子们对于劳动也有了新的理解，他们忽略了劳动时身体层面的"累"，体会到了劳动过程中精神上的愉悦感，获得了自豪感与成就感，更感受到了亲情的伟大和无私，变得更加懂事，更加能体谅父母，亲子关系，也变得更加和谐了。

家长义工进课堂——劳动者，都是伟大的！

我们虽然是农村小学，家长也大多是普普通通的打工族，但他们在各自的工作岗位上兢兢业业勤勤恳恳，这不正是我开展劳动教育绝佳的课程资源吗？我把"家长义工进课堂"的设想跟家长们进行了交流，发动家长根据自己的特长进行自主申报。家长们既兴奋，又忐忑，纷纷表示，心里是很想参与这次活动，但又觉得自己的工作太平凡太普通，没有什么好讲的。

我理解家长的顾虑，便给家长们写了一封信：

亲爱的家长朋友：

　　您好！

　　感谢您一直以来对我工作的支持，对我们班级各项活动的大力配合！因为有了您的理解和支持，我们的孩子、我，还有我们的科任老师们，才能快快乐乐地一起学习，一起成长。

　　劳动创造财富，劳动创造幸福生活。社会分工有不同，但劳动不分贵贱。也正是因为有了在不同岗位上勤勤恳恳付出着的你们，我们的社会才如此和谐美好，我们的孩子才能这样健康快乐地成长！每一位兢兢业业工作着的你，就是我们对孩子进行劳动教育的最好榜样。

　　为了帮孩子更近距离地了解您和您的工作，从您爱岗敬业的故事中汲取更多成长的能量，我谨代表我和我们六（3）班的孩子们，诚挚地邀请您走进我们的课堂，为我们讲一讲工作中的故事，或者展示工作方面的技能，也可以带领孩子们一起劳动，一起体验劳动的快乐。

　　凡是有意向的家长，请与我们班级家委会联系，家委会成员将协助您进行课务的准备。相信有了您的亲身讲述，有了您的热情引领，孩子们一定能和您一样，以劳动为荣，也一定能更加深切地领悟到"幸福都是奋斗出来的"的真正含义！

　　我和我们六（3）班38位孩子，静候您的莅临，为我们展示新时代劳动者的风采，为我们带来课内学不到的知识！

六（3）班　孙老师

这封信到了家长手中后，家长的顾虑消除了极大半，积极性也高了很多。经过我和家委会的商议，结合班级实际，我们组建起了劳动教育主题的"家长义工"队伍，利用晨会或德育课，让家长成为课堂的主导，让义工课堂成为孩子们"工匠精神"和职业规划的启蒙地。

我们曾邀请"岗位标兵"家长讲爱岗敬业故事；请稻草编织达人家长表演传统手工绝活"草绳编织"，演绎非物质文化遗产的奥妙与魅力；也请普普通通的纺织女工妈妈讲述"千人衣"的故事……

而我们可爱的孩子们，俨然成了那些"身怀绝技"的义工家长们的小迷妹小迷弟，调皮又懂事的娃娃们也有他们的理解，一个娃娃在日记里写道："看来咱们也得学着爸爸妈妈的样儿，有一两样拿得出手的本领啊。要不然以后咱们做了爸妈，凭什么本事让咱自己的娃跟人家娃'拼爹''拼妈'啊！"

我把这则日记读给孩子们听，惹得众娃娃哈哈大笑。我也笑了。我相信，这笑声里，一定有很多励志的鸡汤，也有满满的干货。

青菜萝卜的故事——劳动成果要珍惜

为了改善学生伙食，学校食堂最近采取了半自助的午餐形式，由学生在小干部的帮助下按需取量。可是我班情况很不乐观：遇到吃青菜萝卜之类家常蔬菜的日子，很多孩子都选择只取荤菜不要蔬菜，于是那些多出来的蔬菜只能被当作泔脚处理掉。

诚然，食堂就餐，大锅菜的口感上肯定不如家中小炒，但因此而挑食甚至浪费，却也不是理智的应对策略呀。教育，本就该从学生的实际出发，为学生的成长和发展需求服务，哪里有问题行为，哪里就该有教育生长点。于是——

第一天，我懂装不懂："老师想和大家一起搞一个'小农夫'活动，我们来玩种菜吧！不过，我对种菜一窍不通，相信你们也一样。所以，请大家回家去请教爷爷奶奶，哪些蔬菜成活率高，收获时间短。还有，学校里没有现成的地可以让我们利用,那我们该怎么解决土地问题?你们也要去请教爷爷奶奶哦!"

第二天,孩子们七嘴八舌:"爷爷说了,种小白菜,一个月不到就可以吃了。""奶奶说如果种白萝卜的话,估计两个月能收获。""奶奶说可以种在泡沫箱里,就是长得会不如种地里快。"……

我又出难题:"爷爷奶奶真能干,懂这么多农业知识!可我都不懂要怎么选种,要不咱们分工好哇?买种、准备种植器具、土壤的准备,每组认领任务,然后只能再麻烦爷爷奶奶们帮忙了。咱们争取下周能把种子种下去!"

娃娃们分组分工,前前后后忙活开了,而平日里被他们"使唤"惯了的爷爷奶奶,一时间成了他们眼里的"大明星",啥啥都不懂的他们,啥啥都要请教爷爷奶奶。

一天放学时间,一位来接娃的奶奶对我说:"老师啊,你搞的这个活动,我们'生意'(海盐方言,指工作)多了好多,要帮'伊'(海盐方言,指孩子)做这样做那样,不过伊倒比从前听我话了。烦归烦,我觉得这个活动还是蛮好的。"实诚的奶奶说话不拐弯,听得我有点不好意思,但我心里还是很高兴。因为我也听明白了,通过活动,孩子多少体会到了爷爷奶奶日常劳动的艰辛,也发现了爷爷奶奶劳动中蕴含的智慧。这样的收获让我设计此活动的教育效果更为丰满了,真好!

又一周的周一,每组的孩子都在家长的帮助下,带来了装满泥土的白色泡沫箱,在校园绿地上一字排开,那场面,甚是壮观。我又邀请了一位孩子的奶奶来到现场,指导孩子们进行播种。有的小组种小白菜,有的小组种白萝卜,大家约好了,等收获的时候,我们要搞个收获节活动。

种子种下去之后,孩子们的心里也装了一份沉甸甸暖融融的期盼,他们下课得空就会去那里看看,浇浇水,除除草,比比哪个组的苗儿先发芽。那些外形丑陋的白色泡沫箱里,似乎也装下了他们童年的很多快乐,任何一个箱子里一丁点细微的变化,都会引发他们的一阵阵激动。特别是遇上天气突变,三五个孩子一起,小心翼翼地将泡沫箱扛进扛出的画面,既有趣，又美好。

可是，也许是季节不对，也许是生长环境不好，那么悉心呵护之下，我们的萝卜苗却没有发芽，只有几株小白菜勉勉强强长成了。孩子们失望极了，我也有点。不过我立刻打定了主意，哪怕成果寥寥，但这"收获节"，是必须要过的！每个孩子的脑子里都有一本独一无二的个人词典，对于很多事和物，个性张扬的他们，都有着各自不同的解读。特别是对于物质丰盈时代成长起来的孩子们，背再多遍的《悯农》，喊再多次的"光盘行动"口号，都不如这数得清棵数的白菜更能引发他们的思考。

我心里打定主意，但脸上却不动声色："很遗憾，这次种植计划基本失败，只收获了这么一小把小白菜！收获节也泡汤了！"

"不能泡汤不能泡汤啊老师！我们还是可以想点办法的。""就是啊，好不容易种出来的！"孩子们急了。

"而且你们好像也不喜欢吃炒白菜呀！食堂每次炒小白菜，你们都剩下好多的。"我故作无奈。

"从前是从前，现在是现在！自己种的，当然喜欢吃啊！"调皮的男生喊起来，引来众生附和："就是！就是！"

我于是答应他们联系食堂大厨帮忙，中午加菜——六（3）班亲手种植的小白菜。然后可以想见，那天中午，这只一盆的小白菜，分到了每人餐盒里，只寥寥几根。但每个孩子都细嚼慢咽，品尝得津津有味，似乎菜里嚼出了肉味般地沉浸其中。

不出我所料，那一晚的随笔里，不少孩子都提到了加菜的事——

有孩子说："种得那么辛苦，吃只吃几口，来之不易啊！"我回复："是啊，没有一种获得是轻而易举的。好在，有付出，就一定有回报！"

有孩子说："自己种的，吃着特别美味。"我回复："那是劳动的美好！"

还有孩子真的提到了午餐浪费的事，我回复："再多的教育，及不上你们自己的领悟。为你们的成长而欣慰不已！"……

我把孩子们日记中的精彩语录进行了摘录，并配上我的回复，打印出来张贴在班级文化墙上。无须过多言语引导，我相信，当孩子们围拢在文化墙边若有所思地读着，窃窃私语地讨论着，教育也由此悄无声息地发生着，浸润着。

而接下来，食堂再做家常蔬菜，我们班的孩子也慢慢不再有明显的浪费了，特别是好几个原本很挑食的女孩子，尽管慢慢吞吞地，却也能把餐盘里的蔬菜都吃下去了。

其实，应该珍惜粮食，提倡"光盘行动"，六年级的孩子，又有哪个会不懂呢？但学生的道德认知水平，并不代表其道德素养水平。道德行为是否发生，很大程度上在于学生的思想有没有获得真实的触动，有没有真正产生认同。而这次艰辛却失败的种植经历，却真真切切地冲击着他们。我想，孩子们的改变，大概就得益于这次活动带来的触动和成长吧！

将劳动教育作为班级教育活动的重要组成部分，无论之于我，还是之于孩子们，其实都是一段妙不可言的生命历程。我们携着家长们的手，一起去体验，一起去尝试，甚至去经历失败。在形式多样的劳动实践体验中，我们发现自我，反思自我，发展自我，教育自我，优化自我。循着孩子生命成长的需要出发，立足于孩子的当下，更放眼于孩子的未来，然后脚踏实地地去把劳动教育这件有意义的事情尽量做得有意思。如此做班主任，真好啊！

让普通生不再普通

单元习作"人间真情"主题，小宇的作文击痛了我心：

> 爱玩爱闹是男孩子的天性，可我却是个不会玩的男孩子，因为我太内向了。其他男孩子玩的时候，我是站在边上看的那个人。在班级里，我是孤独的。可是，孙老师的一条短信，却让我突然发现，原来老师这么关心我！原来我并不孤独！……

"人间真情"这样的大爱主题，小宇写的却是他几次迟到之后，我给他家长发信息提醒的事。我当时那条带着点批评初衷的短信，到了他的眼里，则变成了老师关爱他的动容往事。读到这样的文字，我心里有种说不出的滋味。

小宇，正如他的自我评价，是一个安静极了的男孩子，上课安静，下课依然安静。作业一般，成绩也一般。他，是个普通生。和优等生比，他不如他们光彩耀眼、备受瞩目；和后进生比，他也不会像他们那样需要老师特别关注特别照顾。因此，并非有意，却也是失职，小宇，成了快被我忽略的那类孩子。

而再仔细想想，在我的班级中，而且也很可能不仅仅只在我的班级中，像小宇这样个性不鲜明、成绩不突出，在老师眼里几乎"小透明"的孩子，其实占了不小比例。读了小宇的作文，我才赫然发现，在偌大的教室里，我目之所及的视野，真的是太狭窄了！而这些"小透明"们，虽然平时言行举止上不善表达与表现自我，内心却一样如此强烈地期待着老师的多一点关心，多一点关注啊！

如何让普通生变得不再普通？如何擦亮每一颗暂时蒙上了灰尘的星星？我思索着，也开始了一系列行动。

一起来聊天吧——请让我靠近你

虽然普通生也很渴望得到老师的关爱，但由于性格等原因，特别是自身成绩平平而导致内心或多或少的自卑感，使他们很少会主动靠近老师。既然山不过来，那么我就过去！利用课间，我走进教室，主动靠近那些普通生，喊这个聊聊家常，叫那个问问近况——

>我：最近你上学来得很早啊！谁送你的？
>小宇：妈妈。
>我：瞧你妈妈多爱你，每天那么辛苦送你上学！
>小宇：（脸上漾起笑意，但没有说话。）
>我：那你是怎么做到起这么早的？
>小宇：我开了闹钟，闹钟一响我就起。
>我：哈哈，你的小闹钟就像战士的起床号角啊！小宇这位纪律严明的小战士，我喜欢！
>小宇：（也羞涩地笑了起来。）
>……

像这样很随性的对话，在我和那些普通生之间，几乎每个课间都在进行着。每次对话之后，我都会在学生名册上悄悄记录下对话的日期，以这种方式提醒自己：有些孩子，更需要多用心，更需要被偏爱。

这样的对话，完全与学习无关，并不带什么功利心，我只是想靠近他们，用我亦师亦友的姿态，温暖他们，感染他们，让他们感觉到，老师一样很在意他们，也一直关注着他们。我相信，只要我心怀真诚、平等、耐心、热情，一定能让普通生的心，和我的心，慢慢靠近，彼此信任，最终融合成一个美好的师生情感场。

为你"私人定制"——每一个你都很重要

有研究表明，普通生的心境恶劣概率和严重程度，均高于优等生和后进生。因为相比较优等生，他们智力平平，学习成绩逊色很多。而跟后进生比，他们有更高的自我期望，也有更高的学业压力和精神负担。学习成绩平平，受教师关注度低，使得他们在学校生活中更容易产生挫败感。学习上，他们热情不高；班级活动中，他们也不冷不热。而这样的孩子，在我班里，占了将近50%。换句话说，他们是班级的主体！他们的进退，影响着班级的进退。他们如果被点燃起来，班级岂不风生水起？而他们，是不是也可以在每一个在校的日子里，都多一点笑颜呢？

多一把尺子衡量他们，就多一批优等生！我通过家长和科任教师，详细了解了每位孩子的专长，特别关注了那些普通生，专门制作了一份"专长档案"，然后开展了一系列"私人定制"活动：

小妍，虽然语文只能考80多分，但她学拉丁多年，已经多次在各类少年拉丁舞比赛中获奖，那就请她在德育课为大家展示风采吧！小梁，虽然字迹潦草，但他体育在行啊，就让他替我带队跑操吧！小宇，安静得午餐时都默不作声，但总是光盘那个，那就请他负责记录每天的"光盘"行动吧！小静妈妈评价静爱劳动，那就请她负责照顾植物角的小乌龟吧……

那个连家长都找不出他有什么特长的小晨，那个下课铃刚响就一溜烟奔到操场疯玩的小晨啊，我便请他做我的"联络员"。小晨原先像只野猴子一样，课间见不到他人。而后来呢？一到下课，他就乐得颠儿颠儿地在教室和我的办公室之间来回跑，负责传递信息，收发本子，忙得不亦乐乎。

一天早晨，晨妈妈打来电话："老师你给劝劝小晨吧！他昨晚又吐又拉，今天人都蔫儿了。我让他请假休息他不听，还说'要是我请假了，孙老师需要联络员可怎么办啊'……"

我听得眼泪都快掉下来了，真不知夸娃心系班级，还是骂娃是个"傻娃"……

拆解成长目标——助你遇见更美好的自己

反思我班的评价激励体系，期末评优评先也好，平时各项竞赛也罢，能被表扬奖励到的，一直都是小部分——那些学习优秀、表现突出的学生。普通生，基本都扮演了热烈鼓掌的观众，一边替同学高兴，一边落寞自己的平庸，甚至说不定还在心底里悄悄地给自己贴上"失败"的标签。

反思之后，我将每位学生的月语文竞赛得分进行了汇总分析。一分析才发现，几个月下来，每月得分基本稳定的大多是优等生和后进生，而上下浮动最大的恰巧是那些普通生。

是啊，其实每一位普通生都像待开采的宝藏，真正制约了他们学习表现的，其实不是智力因素，而在非智力因素层面，特别是学业上的自我效能感——对自己顺利完成学习任务的行为能力的信念。普通生们的学业自我效能感较低，自我评价不高，也缺乏挑战自我改变自我的意识和勇气。

为了激发普通生的学业自我效能感，我将原本的月语文"学习之星"的评价做了改进，单列了"书写奖""朗读奖""习作奖""背诵奖"等，同时增设了"进步生"一项。评比项目分得细了，学生更容易看得见自己的优势能量。特别是对于那些普通生来说，原本的"学习之星"目标对他们来说显得高远了一点。但把大目标拆解成小目标，再对标自我去努力，也就觉得自己还是有希望跳一跳摘到桃子的。

一次，我给获得"进步之星"的孩子们赠送了进步书。其中一位获奖的孩子，便正是一位在分解目标后奋起直追的普通生。获奖当晚，这孩子的家长在朋友圈发了这样一段话："孩子的'进步书'，老师送的！孩子说，这是他这一年收到的最珍贵的礼物！"

我回复了这样一段话："但愿这本'进步书'，能让孩子意识到自己的实力，相信并持续不断激发自己身上更多的成长能量。如此，才真真叫作'最好的礼物'！"

这是你的表扬信——让自信扬在脸上

学生学习活动中最有价值的成分是学生的主动性和积极性，也就是内驱力。学生学习的内驱力，主要来自两个方面：一个是深入内心的自信，另一个是深入内心的兴趣。而在普通生身上，最缺乏的就是对学习的自信和兴趣。为此，我效仿很多名家班主任，也开始给学生家长写"表扬信"，将孩子的进步展示给他们生命中最在意的人——父母。

小易连续几次听写都全对，我请他当着全班的面分享经验。他说："妈妈每晚都帮我报听写。"于是，我给小易妈妈写了一封信——

> 小易说，最近听写得满分，离不开妈妈的帮助。我想说，因为有如此尽职尽责的好家长，我们老师更要竭尽所能，帮助孩子进步！家校联手，形成教育同盟军，我们何愁孩子的学习不进步！为你点赞！向你表示感谢！

小海开始上课举手发言了，虽然质量不高，但愿意开口表达了，把我乐坏了。我给家长写信：

> 哈哈哈，真把我给乐坏了！咱们家海宝贝，最近节节课举手，激动得我一见他举手就忍不住请他发言！脑子越用越灵！那么就让我们一起拭目以待，见证海宝贝的华丽蜕变吧！

信往往不长，明明可以编辑成信息发送，但我选择了最传统的信纸，认真誊写，一式两份。一份装入信封，让孩子亲手带给家长，让家长和孩子，都透过这种最传统的方式，看见老师的心。而且纸质材料，也方便孩子时时翻阅，常常激动。另一份则张贴在教室"风采栏"中。红榜张贴，树立典型，让班中孩子见贤思齐，蠢蠢欲动。

把表扬信展示给家长和同学，其实是一种"间接表扬"，即利用身边重要他人的力量，放大表扬的效果。这种间接表扬，能让表扬变成乘法，对学生的激励效果是翻倍的。而在实施的过程中，我也惊喜地看见了很多普通生的变化，变得自信了，也变得积极主动了不少，无论是作业质量还是作业效率，也都有了一定程度的提升。而扬在脸上的笑容呢？自然也更多了一些。

后进生，需要我们去鼓励。优等生，值得我们去赞美。而那些默默无闻的普通生，一样离不开我们的呵护滋养。只要我们不只单一维度地以成绩论英雄，而是善于发现、挖掘，并放大他们身上分数之外的闪光点，同时引导着孩子们看见自身固有的力量，深信自身能量的价值，并尝试着不断唤醒和释放那些力量，那些原本普普通通的孩子们，也一定能绽放成夜空最闪亮的星星。

用阅读点亮农村娃的天空

如果说学生是草原上自由奔跑、肆意成长的小马驹,那么阅读无疑是萋萋芳草,能给予他们生命拔节的营养,赋予他们蓬勃的生命力。

我任职的学校是一所典型的农村小学。这不,又接手了一个新班级,有超过50%的新居民子女。这群野小子疯丫头呀,下课只知道满操场疯跑疯玩,阅读课也要老师盯着才能静下来!我前脚刚一离开教室,他们后脚就能立刻给你整一出"哪吒闹海"。这样的阅读,效果可想而知。

不爱阅读,也不能单单只责怪孩子们不够静心,这里头的原因是多方面的:农村家长更注重孩子考了几分,喜欢让孩子读"学校里发的书";学生手头可读的课外读物有限;缺乏有效的课外阅读指导……这一系列的困窘让我们班的课外阅读几乎处于一穷二白的境地。

为你打开一扇窗

该怎样让这群野小子疯丫头静下心来,沉浸到书里头去呢?

眉头一皱,我心生一计——

新学期的某个周一早晨开始,每次去教室上课,我都会带上一本书。语文课学生作业时间,我便插空翻开书本埋头读上几页。课间学生休息玩闹时,我又常旁若无人地看起书来。我有时拿笔圈圈画画,有时认认真真地誊写摘记,有时读得忍俊不禁,有时又随着文字双眉紧蹙哀声叹息,直惹得孩子们纷纷向我行注目礼。

慢慢地,好奇的小脑袋们越凑越多:"老师,你看的是啥书啊?""老师，你怎么这么爱看书啊？""老师，啥东西这么好笑啊？""老师，你抄的是啥呀？"

而我，则一边故弄玄虚，笑而不语，一边继续着在教室阅读的习惯。

一天两天，一周两周……不出我所料，无论课上课下，学着我的样儿，教室里渐渐多了利用碎片化时间捧着书自得其乐的小小身影了。第一步计划圆满成功！

我开始放下自己的书，走到那几个专心阅读的孩子身边："小琴，你在看《绿山墙的安妮》啊！这本书我早就想看了，就是新华书店没货。真想不到你有！等你看完，能借给我看看吗？"小琴激动得脸都涨红了："好的好的！老师，我抓紧点，今天放学前也许就能看完，就能借给你了！"

"小辉，你在看沈石溪的作品啊？他的动物小说很赞哦！我给我儿子买了整套的沈石溪作品集，你如果喜欢看，我给你拿几本来啊？！"还没等小辉反应过来，我的周围已经围满了小脑袋——"老师，我也要看！""老师，也借我一本呗！"……

哈哈！等的就是你们这句话！

就这样，我一边把儿子书柜里的书往班级书柜搬，一边继续着自己在教室里的阅读。

日子一天天不徐不疾地过着，我们班这群原来下课只知道吵吵闹闹的野小子疯丫头们，竟然也慢慢地静了下来，不知不觉中开始了他们的"阅读之旅"。有几个女孩子，居然也学着我的样子，准备了一本笔记本，煞有介事地做起了摘记。

送你一本进步书

农村家长普遍不重视子女的课外阅读，绝大部分学生家中只有寥寥几本课外书，一些新居民学生甚至连一本课外书都没有。而总向我儿子借，也不是解决办法呀！学生的书源依然匮乏，我们的"阅读之旅"该如何继续下去？

于是，我又动起了脑筋——

沈石溪，初中毕业后来到云南西双版纳插队落户，在那里生活了18年。18年中，他跟随着老猎人走进那片原始森林，熟悉并热爱上了那片土地上的一切可爱的生灵。后来，他怀着对那些动物的热爱，创作了一系列动物小说。今天，我要把沈石溪的《第七条猎狗》送给我们同样热爱小动物的小易同学，祝愿他永远有用一颗金子般的善良之心！

这是我们班"送进步书"仪式的一个场景，是学生们最爱的班会课内容之一。为了激发学生和家长对阅读的重视，我自费购买了很多优质图书，将"送进步书"作为我班语文综合评价机制的激励手段，每月产生多名在书写、朗读、习作、背诵等方面进步明显的学生，我所准备的图书就是奖品。

每一本"进步书"我都会根据不同学生的不同特点来精心挑选，并且花时间来讲解作者或内容，不仅把好书赠给进步学生，更是把好书推荐给全班学生。

一个学期下来，大部分学生都会得到我赠送的"进步书"。学生也很懂事，他们会把获得的"进步书"自觉在班级里进行"好书漂流"活动。

特别是疫情期间，我布置课外阅读作业打卡后，惊觉一部分孩子近一个月反复只读同一本书。我这才意识到，这部分新居民子女，一则原本家中藏书就有限，二则疫情阻滞了借书或购书的脚步，因此，我所布置的课外阅读作业，很可能让他们陷入了无书可看的窘境。

在征得儿子同意后，我从儿子的书柜中挑了十余本未曾开封的新书，然后针对不同孩子线上作业的不同表现，写上表扬的话。再把新书郑重其事地装进信封，送到学校传达室，并告知孩子和家长，图书是奖励给孩子线上学习表现优异的，邀请家长得空来领取。而那些收到书的孩子和家长，自然各种欣喜不已千恩万谢，我的心头自然也是鲜花怒放。赠人图书，这淡淡余香不只在书里，更在师生彼此的心间流淌，荡漾。

其实那些新书，大部分购置于某宝，因此折扣力度很大，即便一年下来，也花费不了几百块钱。但换来的收获却是无价的：学生会说，因为孙老师的送书，爸爸妈妈也开始很乐意给我买书了；学生也说，本来我不怎么喜欢读书，经孙老师一推荐，我发现课外书真的有着无穷的魅力；学生还说，孙老师很爱我们，她就像我们的朋友、家人一样，关心帮助爱护着我们，所以我们班同学也都很爱她，也都很爱语文学习。

存储阅读，变要求为习惯

经过一段时间的努力，这群野小子疯丫头们大部分已经挺喜欢看书了，手头也有了一些阅读资源。但是，走出教室，走出学校，离开了我的视线，他们的阅读时间和阅读品质，能保证吗？他们的阅读习惯，真的养成了吗？我觉得我必须再做点什么！

由此，开学初我送给孩子们的三件礼之"阅读存折"就要发挥大作用啦！我们约定了：老师同学一起，将读过的书记录下来，将页码作为阅读金额存入存折，阅读金额累积到1000时，可以到我这里换取一次抽奖活动。

至于这奖项的内容嘛，由孩子们自己来定，可以是物质的，也可以是精神上的。

孩子们的创意无极限：有孩子写想要一本课外书，有孩子希望老师能给家长打一个表扬电话，有孩子想要零食，还有孩子希望能和孙老师去操场散个步聊个天……

OK，所有的心愿，全部允许，一一被放入抽奖箱。于是，每一次的抽奖活动，成了班级的阅读狂欢节。特别是看着同学有资格上台抽奖，又抽到奖品后惊喜激动的样子，台下暂时没达到积分的孩子可羡慕坏了，更是铆足了劲追赶。自主阅读的氛围，也就这样在相互影响和游戏式的助推中，一点点浓郁了起来。

好书推荐，邀你一起"悦读"

读书不是赶时髦，在这热热闹闹的读书活动背后，学生的阅读质量究竟有多高？实践就是最好的检验！

我利用语文课组织学生开展每月一次的好书推荐活动，邀请学生挑选一本自己喜爱的课外书进行精读，自由准备好书推荐材料。

课上，同学们带着自己喜欢的书籍，积极上台向大家推荐好书：他们有的将精彩片段制作成PPT，有的出了读书小报，有的结合同名影视作品进行介绍，还有的几个人合作上演情景剧……男孩子喜欢阅读历史类书籍，他们煞有介事地向大家推荐阅读《资治通鉴》《上下五千年》等书籍；女孩子内心温柔细腻，她们向大家推荐《爱的教育》《西顿野生动物故事集》等；也有些同学认为，探索学习的秘籍有无穷的乐趣，他们推荐了《神奇的数字世界》《绝望的分数》……

课上时间有限，能轮到分享的孩子毕竟是少数，于是，线上"悦读汇"由此诞生了。利用班级群，我们又开展了线上阅读分享活动。这样的形式明显更受学生欢迎，一则给了他们堂而皇之使用手机的机会，二则群中还有不少家长观众，更满足了孩子被关注被认同的心理需求。

"独学而无友，则孤陋寡闻。"在与同伴分享阅读、相互借鉴的过程中，孩子们越来越沉浸于阅读的乐趣，似乎在越来越近地趋向于真正有价值的个性化、自觉化阅读。

记得在一本书上看到过一句话：学生的成长，很大程度上取决于教师的价值追求。而我深深明白，学习知识，学习技能，并非教育的全部。引导学生在个人空间中培育阅读的趣味，以阅读者的姿态在文字里获得精神的成长，找到与世界温柔对话的方式，这些，同样是教育者肩头沉甸甸喜盈盈的责任。

微表扬：且歌且舞且育人

自从啃读了几本有关表扬的书后，我对如何给学生"戴高帽"的道道儿着了迷。那么，该如何借由表扬挖掘并放大学生的闪光点，让表扬成为激活学生内驱力、涵养师生感情、提升师生生活品质的助推器？边学习边实践中，我逐渐摸索出了一套草根但实用的策略——微表扬，即除课堂时间之外，发生在课余碎片时间的各种花式表扬。

日志式表扬：悦己也悦人

"重要感"是人的基本需求之一。每个人从心底里都渴求被别人欣赏和肯定。

对于那些学优生来说，日常是不缺掌声的，但这些孩子往往缺乏欣赏他人的能力；对于中等和后进生，他们倒是常能看见同学的优点，但自身却少有被欣赏的机会。那么，如何让每个孩子都体验被欣赏的欢悦，同时又学会以善意的眼光悦纳他人？

我在班级墙头挂了一本"慧眼识美"日志，以表格的形式呈现，分"时间""人物""具体事件"和"记录者感受""欣赏者点评"若干栏目。

时间和人物单列，目的就在于把美好故事的时间和主角凸显出来，让那一个孩子，在那一天，成为光彩耀眼的存在。这样的记录，便成了一种仪式感，一份无上光荣的加冕。

挂上的第一天，我带头记录了如下内容：

六（3）班"慧眼识美"行动日志

内容＼序号	时间	人物	具体事件	记录者及感受	欣赏者点评
1	10.12	小杰	分别用干抹布和湿抹布交替擦拭，把黑板擦得锃亮如新！	我的心情无比美丽，感谢贴心的小杰！	
2	10.12	小静	主动捡起了同桌桌子下的垃圾。	捡起的是垃圾，播撒的是文明！	

我把日志交给学生传看，鼓励他们写下自己的想法。

刚开始这样做的时候，被赞美者总是显得特别羞涩，尤其那些平时默默无闻的孩子，如此获赞，脸上的表情更多的是涨红了脸，一副想笑又不好意思笑出来的窘样子。而同学的评价，也很简单，只不过是"向×××学习"之类。

我也不急不躁，依旧每日利用早自习或晚自习时间推动着这项工作，由我大声朗读一条又一条点赞语录，分享一则又一则欣赏者点评。

渐渐地，每一天里，会有孩子主动来到挂日志的墙边，小心地取下，认真地记录，或者欣赏、评价。再后来，有更多的孩子来翻阅、传看、记录。渐渐地，每个孩子都成了日志的主角，每个孩子在阅读日志的时候，或眼里或嘴角，掩藏不住的笑意，明亮了整个教室。

我很享受孩子们那一刻的笑：能够欣赏他人，能发现他人细节处的优点，这是人生大智慧。拥有这种智慧的孩子，就既能悦纳自我，也能悦纳他人。如此，心中自然能有大乾坤，眼中自然能有大格局，以后无论走到哪里，无论身处何种境地，内心都能有一个天高地阔云淡风轻的敞亮世界。

面批式表扬：让每个孩子都做好孩子

没有孩子不想做个好孩子，而最能让孩子觉得自己"是个好孩子"的，便是学业表现，最让孩子产生低自我评价的，恰恰也是学业表现。

这几年来，我很少因为分数和成绩问题批评哪个孩子。因为我知道，一个学业方面存在问题的孩子，一般来说，要么是在学习习惯方面，要么是在学习态度方面，要么是在学习能力方面，存在着他依靠自身力量无力改变的制约因素。而在这样一座又一座"大山"的负累下，这样的孩子，多半也是丧失了自信心的孩子。

对于孩子自身无力改变的现状，与其批评，不如帮助。在学业上帮助孩子的方法当然很多，我最常用也觉得非常有效果的，便是通过面批作业时的花式表扬来培养孩子的自信。

我喜欢在教室里批改作业。批改的时候，把孩子叫到身边，或指出某处词句用得好，或点赞某次抄写很工整，或表扬某个解题方法很巧妙。只要老师有心想用"放大镜"去看孩子了，哪一个孩子不是闪闪发光的存在？

面批时，我还会在名册上把被表扬到的孩子标注出来，并以不同的符号表示不同的优点，如此，既不会漏掉对任何一个孩子的鼓励，又能清楚掌握每个孩子的具体情况。

如慢火烹小鲜般日复一日的面批中，在一句句温情的肯定和鼓励中，那些缺点被忽略不见，而那些若隐若现的优点，则因为被正向强化而逐渐放大再放大，最后成了孩子身上一张张行走的金名片。而那些内心被唤醒点燃的孩子，也真的在生发出源源不断的向上力量。

赋权式表扬：信任促奋进

可是，班级里总有几个孩子，在学业表现上一时间真的很难找到优点。甚至即便我用100℃的热情眉飞色舞地夸赞了他，内心0℃的孩子，也是将信将疑死水微澜的表情。

想起了教育家苏霍姆林斯基曾说过的："只有在集体和教师首先看到儿童优点的那些地方，儿童才会产生上进心。"于是我问自己：在学业表现之外呢？这些孩子难道因为学业成绩后进，就真的一无是处了吗？曲线救国也是一种很不错的育人路径啊！

我尝试运用了"赋予特权"的形式，来"隐形表扬"那些暂时上进心不足的孩子：

我有咽炎，上课习惯带水杯进教室，便设了"杯子大使"，由调皮好动但热心肠的男娃娃轮流担任，负责课前来我办公室取水杯，课后再帮我送回办公室。借这样的机会，我常不吝夸赞："谢谢你，小暖男！""多亏你了，小伙子！"

我常忘带红笔进教室，于是只得又折返办公室取笔，怪自己忘性大的同时，忽然有了设个"红笔专管员"的主意。于是聘请默默无闻但值日工作认真的琴儿负责保管我的红笔，并告诉她："这红笔，我和你共用哦！"只是，这孩子哪里舍得用啊，她只是很及时很主动地，每次我前脚刚进教室门，她后脚便腼腆地将笔递了过来。

小李曾不经同学同意便拿过同学东西，惹得同学言辞激烈，一时间班级舆论对他很不利。我便将每天下班前整理电脑包的任务交给了他。包里除了装着电脑，还装着我的零钱等重要物品。我跟孩子开玩笑："老师的身家性命可都在这包里头了！你看你肩头的责任有多重！"如此，是给他特权，更是还他尊严。

有几个隔三岔五不完成作业的娃娃，我便请他们担任"回家作业钦差"，由他们负责每天放学前将作业布置给全班同学。如此，他们总不好意思自己不完成了吧！

一件件小事，因为老师郑重其事地全班宣布，专门由某某同学负责，在学生眼里，特别是那个被赋予特权的孩子眼里，却往往能生出"与众不同"的感觉。而这种被认可被信任的感觉，很多时候，就有可能成为撬动孩子成长的支点。

引导式表扬：让积极行为生长

教师的职业病就是喜欢讲道理，我更是如此。但我发现，很多情况下，尽管我常常讲得感动了自己，学生却往往听听激动过后不动。后来我渐渐明白，与其唾沫横飞地讲一车道理，却导致孩子"一个耳朵进一个耳朵出"的尴尬局面，不如摆事实，让孩子在真实体验中真正实现观念上的认同与内化。针对高段学生比较在意同伴评价的心理特点，我采用了树立身边典型的老套路，在不露声色的正向引导中，实现了由点及面的辐射引领效果。

布置了背诵任务，子君当晚就发来了背诵视频。我跑到教室里故意当着全班面表扬了子君善于利用碎片时间。再次布置背诵作业时，有二十多位孩子学会了"利用碎片时间"给我发视频。

课间，俊杰在主动分发作业本，小灵在辅导同桌数学，小诺和远航则沉浸在书海中浑然忘我。当然，也有几个孩子正满教室追逐奔跑。我夸了俊杰和小灵心中有他人，赞了小诺和远航能在喧嚣中静心阅读。那几个追跑的孩子呢？我并未批评，但他们早已悄没声儿地回到了座位。

好多孩子座椅下有纸屑，好几个孩子眼保健操闹腾，语文课上总有那么几个孩子神游……批评吗？当众批评只会招致学生情绪对立，反复当众批评甚至还会强化负面行为，产生一个带坏一片的负影响。

所以，我对那些不良行为视而不见，却去夸奖那个桌椅下干干净净的姚儿，去表扬那组认真做眼保健操的学生，去点赞那些专注听课的孩子。

你猜怎么着？如此表扬，能保持地面干净的孩子越来越多，能安静做眼保健操的孩子越来越多，课堂认真听讲的孩子也越来越多了。

于是，我真真看见了教育的神奇之处：我看见什么，什么就会被放大；我肯定什么，什么就会生长。

借力式表扬：放大表扬效果

当面表扬，让人欢悦。而背后表扬人的力量，作用更为强大，往往有着成倍数放大的效果。因为背后赞美人的话，往往给人更加真实可信的感觉。

因此，我还尝试了借由第三方的力量，让表扬飞一会儿，再由第三方甚至多方传递表扬信息的过程中，让表扬加工发酵，让表扬的效果成倍放大。

1. 借家长之力

我主要采用发表扬短信、写表扬信的形式。尤其是表扬信，一般我会亲手书写下学生近段时间的上佳表现，郑重其事地将书信装入信封，交由学生带回交于家长。用信封，却不封口，又再三叮嘱学生不能打开偷偷阅读，由此充分制造神秘感。这份等待时的好奇心和揭秘时的欢悦，甚至是偷偷阅读时的惊喜，往往能让表扬这件事裹挟进很多戏剧化的色彩，也让这份快乐变得印象深刻，持久绵长。

2. 借科任老师之力

学生的综合素质提升也好，学科成绩提高也罢，其中最理想化的教育状态应该是形成教育的合力。这种合力，不仅仅包括教师和家长层面的双向奔赴，也指向科任教师之间的协同配合。表扬学生也是同理。除了借家长之力外，向科任老师巧妙借力，同样是达到多管齐下、多点发力、全面开花的有效举措。

学生在单元习作中感恩各位科任老师。我一边喜滋滋肯定学生能于平凡日常中看见伟大，一边屁颠颠拍下习作内容，发送给各位老师，点赞他们的教育有方。

数学、科学、英语的早自修时，学生总是极其自律，我就去找英语老师还原自律课堂，去找数学、科学老师向他们讨教管理纪律的妙招。科任们老师乐歪了嘴。我也跟着乐。赐教不赐教不重要啊，重要的是，科任们的笑脸之下，一定酝酿着他们对咱们班的认同之情，亲近之意。而此外呢？我猜想着，他们多半还会进班再夸奖孩子们。即便嘴上不夸，心里也默默地开了花。再看向学生时，科任老师们心里的花自然也会开到他们的眼里、嘴上。

再看如此表扬，看似多费工夫多费了精力兜圈子，实则却实现了众乐乐的局面，也触发了一种互相看见彼此推动的良性循环。举手之劳，回馈的却是指数级翻倍的效益。何乐而不为呢？

3. 借同伴之力

小学高段，同伴相互影响的力量有时甚至会超越家长和教师的影响力。因此，我也常常借用学生"哥们""闺蜜"间的关系来放大表扬的作用。

小琦，磨蹭，又沉默。即便我主动跟他找话题聊天，他也很少开口跟我对话。心门没向我打开的孩子，我的表扬往往很难走进他的内心深处，也就很难真正发挥作用。于是，我把目光转向他的同桌韩悦。

韩悦来交作业时，我就常常跟她聊小琦"最近字很漂亮""上课听讲很专注噢""他今天的默写全对，我开心来！"小孩子心里最藏不住事儿，韩悦回去一准儿跟小琦搬话。来来回回多次后，小琦居然开始主动发背诵视频给我了，可把我给乐坏了！

虽然我也承认，表扬一定不是万能的，表扬也一定不是教育的全部，但现实又真真切切地让我看见了：在我与学生以表扬唱主打歌的日常相处中，我的心态越来越平和，学生的状态越来越灵动，我们彼此相视而笑的时间越来越多。

"微表扬"，很直白，但很实用。我借用这样的方式来修炼自己，修炼学生，也就是在成就师生彼此的人生！

第二辑 美好的师生关系

在这间自由生长的教室里，师生关系是什么样的？

首先，是老师自己不懈地努力，努力生长有趣的灵魂，努力丰盈育人的观念，努力给足孩子们安全感，努力看见每一个生命个体固有的力量。

其次，是彼此交换了真心，是彼此推动了成长，是彼此的生命状态被点燃唤醒，是在各自的眼中都看见了更美好的自己。

就好像，是一朵云，轻轻悄悄地，推动了另一朵云。如此简单，如此纯粹，也如此美好。

学做"灵魂有趣"的老师

今天原本跟孩子们说好了下午我要外出听课,语文课改成自习。几个孩子发出了一声叹息,听得我沾沾自喜不已。嗯,这是舍不得我走。

下午时,情况突变,我不用再去听课,便步履欢快地直奔教室。一进教室,学生愕然,我一脸的笑:"吼吼,惊不惊喜?意不意外?我又回来了!"

一片哄笑声中,一节快乐的语文课又开始啦。

这样欢乐又俏皮的画面,这几年来是我和学生相处的常态。但在我早年的教育生涯中,这样的事是很少发生的。

从前的我,是个无趣的人,直愣愣的,硬邦邦的。特别是在学生面前,许是因为底气不足,许是觉得严师方能出高徒,所以总是摆出一副五官紧急集合苦大仇深的样子。用学生的话来形容,我就是个"轰隆隆老师"。

但这样的相处模式其实很心累。他们怕我发脾气,而我每天最担心的,也是他们又做了什么惹我生气的事。师生关系表面上四平八稳,私底下却暗流涌动。

后来在一篇文章中读到说,据调查显示,最让学生喜欢并敬重的,并非严肃认真的老师,也并非教学质量好的老师,而是有幽默感的老师。

我很怀疑,就在自己班级里,也托同事和朋友,在小学、初中、高中不同学段不同班级都做了调查问卷。调查结果显示,无论哪个学段,学生最喜欢的,真的无一例外是有趣好玩的老师。

这样的结果,让我这个以"严厉"自居的老师觉得很打脸。

但现实赤裸裸摆在面前，不能假装视而不见啊，毕竟咱的目标不就是做个好老师吗？不被学生喜欢，哪怕教学成绩再好，这种好，也是暂时的表面的，指不定学生背后怎么叫我"灭绝师太"呢！

惊出一身冷汗后，我决定洗心革面重新做老师。既然他们喜欢有趣好玩的老师，那我就努力让自己的灵魂有趣起来吧！

了解自己的儿童观

我去读了不少教育类的书籍，渐渐明白了一些教育的常识：比如，趋利避害是人的本性，人都更喜欢跟能让自己快乐的人待在一起，都更喜欢做能让自己有成就感的事。也渐渐明白了，认知决定情感，情感影响行为。我们以怎样的教育理念来看待学生，直接影响着我们以怎样的姿态出现在学生面前。唯有让孩子打心眼里真心喜欢上我，他才会愿意听我的话，乐意接受我的教育。

回想自己的职业生涯，入职初期，我很难真心喜欢学生，内心总觉得他们是"需要被改造的对象"。带着这样的儿童观，我以"园丁"的姿态开始了自己的职业初体验：下课只盯住学生们旁逸斜出的枝枝丫丫，在或怒目而视或厉声呵斥中不停地对他们"修枝剪叶"；上课开启"一言堂"，把我所认为正确的好用的"营养"，滔滔不绝中拼命灌输给学生。

这样的日复一日的改造行动中，我这里又累又焦躁，常常暴跳如雷，学生那里却岿然不动，他们一边冷冷地看着我独自上蹿下跳，一边依然各种惹事捣蛋。

后来我去求教老教师，也去读书学习，渐渐意识到，孩子作为成长中的个体，出现各种状况，都是正常的。每个问题的出现，恰恰是孩子最需要关爱的时候，也是作为师者最该出手拉一把扶一下的时候。若除了着急上火却不知道如何是好，那恰恰就是老师自身该反思学习成长的时候了。

而神奇的是，当我的儿童观由"需要被改造的个体"进化为"成长中的个体"时，面对任何一个孩子，任何行为，我都很难再找到动怒的理由了。

面对迟到的孩子,我会想:是不是因为昨晚作业做太晚了?还是路上有突发事情?……

面对没完成作业的孩子,我会思考:是不是作业总量太多了?还是昨晚身体不舒服?……

面对上课走神的孩子,我会琢磨:是不是我的课不够吸引人?还是孩子遇到了什么麻烦事?……

而这样一番思考之后,我的精力自然就集中到去追根求源解决问题上头了,带着一探究竟的好奇心靠近孩子,于是便常常生出"童年真有趣""成长真神奇"的感叹,哪里还有时间精力去为眼前的表象而烦恼呢?

所以说,有怎样的儿童观,是一个教师能否"灵魂有趣"的心理基础。

不妨学点"表情管理"

我曾不止一次在文章中提及朋友圈疯传的那位在教室门口调整表情的老师。当事老师之前上了三节课,已经很疲惫,为了不让自己的状态影响课堂氛围,他就在教室门口做了表情管理——努力保持微笑后再进教室。视频中那用力扯起嘴角的样子,暖到我的同时,也让我不由自主地想到了这个词——有趣的灵魂。

一个灵魂有趣的人,一定是个总是向生活报以微笑的人,就如这位善于表情管理的老师。

情绪是会传染的。教师被定义为课堂的领导者,具有非常重要的权力和影响力。也因此,教师带着愉悦的情绪进入教育现场,就可能为学生的学习带来积极而有建设性的体验;带着负面情绪靠近学生,则很有可能阻碍学生的学习。

所以,在我看来,"灵魂有趣"的教师,其中一条很重要的标准,就是要学会管理好自己的表情。就像视频中那位老师一样,即便疲惫或者焦躁，在面对学生前，也尽量将自己的表情调整为微笑模式，给学生，也给自己，一种积极的状态。

这是有科学依据的。据有关面部表情的研究显示，面部表情不仅仅是情感的外显，其本身也能够激发人产生相应的情感反应。也就是说，一个原本内心平静的人，如果保持微笑的神情，大脑就会接收信号释放多巴胺，从而引起高兴和满意的感觉。而展示出暴怒姿势的人，实际上也会真实地增加自己的生气程度。

更神奇的是，有科学家研究发现，当看到快乐、生气、恐惧等不同表情时，观察者也会不由自主地模仿其表情，因此获得与对方相似的情感体验。

所以后来在我的办公桌上，一直放有一面镜子。我会对着镜子训练自己的微笑，也把这种阳光善意的笑容带进教室。因为我知道，面部表情和师生情感，是双向的。当我习惯把热情尽情地表达，把欣赏都写在脸上，用微笑释放信任的信号，学生不用承受应对教师怒容时的担惊受怕，不必启动"逃跑"还是"抵抗"的动物脑，自然就有足够的安全感和愉悦感，以更加积极的姿态投入学习，也就自然而然会喜欢我这个人，喜欢我这门课。对于我实施的教育影响，也自然会更加乐意敞开心门欣然接纳了。

用儿童的视角来看世界

"灵魂有趣"是个多美好的词啊！朋友圈一度很流行这句话："好看的皮囊千篇一律，有趣的灵魂万里挑一。"扪心自问，谁不想做"万里挑一"的那个"灵魂有趣"的人？然而现实中，班主任工作纷繁复杂，每天都要面对千头万绪的大事小情。很多时候都处于疲于奔命的状态下，能每天太平无事就谢天谢地了，谈"灵魂有趣"，似乎有点奢侈啊。

就比如我自己吧，以前常为班级中鸡毛蒜皮的小事动怒，高声训斥学生是常态，有时甚至还全班训话，城门池鱼谁都不肯放过，非得泄了心头怒火方才罢休。

后来耳边自然就听到了同事们传言中的我如何如何"厉害",以及学生和家长们口碑中的"凶得要死"。自我感觉是出于责任心的严厉,但是到了同事、学生和家长的眼里,却是如此负面的说辞,真真扎心了!

于是开始反思自己——

站在他们的视角看那一刻的我,是不是真的有点可怖?是不是同时还带着点黔驴技穷的可悲?

跳出自己看那一刻的自己,怒火中烧的背后,难道真的只是因为责任心?除此之外,有没有"面子问题"的考量?算不算恼羞成怒的低段位操作?这样的盛怒,除了伤害师生情感,影响教师威信,对于学生问题行为的改变,究竟有没有真正意义上的积极作用?除了动怒训斥,难道就真的没有时间去学一学名师大咖们教育故事中那些轻松有趣的处理办法吗?

于是,我开始沉下心来,在专业书籍中寻找答案,慢慢地把一个个"?"拉直成为"!"

我渐渐明白了,不论在什么时候,如果师长以高高在上的姿态和孩子沟通,那么孩子永远只能仰视你,无法与你真正平等地好好沟通,更别说走入孩子的内心世界。

所以,再后来,遭遇孩子的问题行为时,我总是会习惯性从当前的教师身份中跳脱出来,站在孩子的视角去思考:

如果我是孩子,老师如何做才既不伤害我,又能教育引导我?

如果我是孩子,老师怎样处理,才会让我心服口服?

……

大脑的神奇之处就在于,哪个部分使用得越多,哪个部分就越发达。所以,当这样的"儿童视角"运用得多了,遭遇各种教育问题时,大脑回路自然而然会引导着我蹲下身来,站在孩子的高度与孩子沟通,然后不断发现成长的奥秘和成长的困惑,理性地审视,坦然地应对,科学地解决。

而在这样的日复一日中,渐渐地:我眼神里的犀利少了,柔和多了;我嘴角耷拉的时候少了,上扬多了;孩子们看我的表情惊恐少了,欢悦多了;教室里吼叫声少了,欢笑声多了……

用儿童的语言来表达

成人和儿童之间,相差的何止是年龄,更有经历阅历所带来的成熟世故与天真烂漫之间那道难以跨越的鸿沟。也正是因此,很多在我们成人看来很幽默风趣的言行举止,在孩子眼中却很可能如坠五里雾中,不知所云,末了,还会给你贴上一个"没劲"的标签。

所以啊,想在孩子的眼中做一个"灵魂有趣"的老师,还必须常常走进孩子们的世界,去学习他们的语言模式。

我还常跟正读小学的儿子求教:最近你们班里最热门的话题是啥呀?最近有啥流行语教我一点呗!

所以,后来面对不敢大声发言的孩子,我会进行花式鼓励:"你知道吗,当你站起来发言的时候,你就是整个教室最靓的仔!"让孩子自信满满地笑。

针对自习课讲话的男生,我会调侃式地批评:"知道自由女神吗?再不管好自己,我会让你变成'自由男神'!"让孩子不好意思地笑。

在孩子们听写相继16人、26人、36人全对后,我鼓劲:"明天听写,你们再刷一波'666'给我看好不好?"让孩子满怀憧憬地笑。

在孩子们记课堂笔记时提醒:"大脑对颜色更加敏感,用彩色笔记录,会让大脑印象深刻。"让孩子们印象深刻地笑……

在这样时不时笑声阵阵的相处模式中,学生的心理防线瓦解了,师生关系和谐了,学习过程的体验感愉悦了,学业的成就感放大了,彼此每一天的笑容,自然也就多起来了。

同年段老师曾问我:"怎么好像从来听不到你对学生发脾气?"我开玩笑道:"那是我先把门窗都关起来啦!"

而实情是:不是我关闭了窗门,而是我向孩子们打开了自己的心门。特别是,当我怀着"每天让每个孩子都大笑几次"的心愿走进教室时,当"做个有趣的老师"成为我努力的目标时,曾经那些火气,居然真的就不知道跑到哪里去了。

我幻想着,当一届又一届的学生毕业后,回忆起我们曾一起走过的时光,会发自内心地说上一句:曾有一个灵魂有趣的老师陪我们走过童年!

那该是我此生何其幸福的一件事啊!

给学生有安全感的课堂

语文课的作业时间，靠窗座位忽然骚动起来。我抬头一看，才发现一只野蜂正在小诺头顶盘旋。暮春时节，那蜜蜂的热情造访并未带给他惊喜，只有满脸的惊恐。

我连忙拿起书本，几步赶过去，轻轻地拿书本将蜜蜂请到了窗外。小诺如释重负地长舒了一口气，感激地看看我，继续埋头做题。

那一刻，我的脑海里忽然闪过一个问题：蜜蜂赶走了，课堂上肉眼可见的安全隐患被排除了。那么，在那些肉眼看不见的地方呢？在我的课堂上，孩子们的内心安全吗？

常态化的课堂上，为了追求教学效果，我很重视课堂预设的落实度、教学方法的精妙度、师生互动的广度和深度，但学生课堂上的心理安全，坦白地承认，这是我的教学目标里从来不会涉及的内容。

马斯洛的需要层次理论中，安全需要是仅次于生理需要的低级需要。并且他认为，一般来讲，唯有低一级需要得到满足后，高一级需要才会很好地得到发展。放到课堂中来理解，即学生在课堂上能"不焦虑、不恐惧、不孤独"，才能以愉悦的心情参与到学习活动中。也就是说，课堂上学生的安全心理，是有效教学的前提。

其实，"怎样的课堂才是有安全感的课堂？"是个最常识性的老问题，上网随便一搜，就能搜到数以万计的相关信息。而问题的关键在于，我的学生们，他们心目中怎样的课堂才是有安全感的？

我向孩子们求教：利用语文课的最后5分钟，我邀请他们以无记名的形式写下自己的理解。

45 个孩子，有的写了两三条，有的洋洋洒洒近十条。我如获至宝，一一品读、梳理。

有 28 个孩子提到：课堂上不要随便点名回答

这也激活了我的早年记忆。初中时，我数学偏科，因此每当数学课，总觉得身体发紧喉咙发干，很难像其他课那样享受其中。特别是老师提问时，我更是会立刻埋下头，生怕自己的"还没掌握"会暴露在老师眼前，而出了洋相。即便那几年里，我们的数学老师很少会以点名作答的方式来验证我们的学习效果，但至今回想，我依然清晰记得当初的那种浑身紧张不安的感觉。

到了师范，这种恐惧感在音乐课上被彻底放大。我五音不全，音乐课的视唱练耳对我来说，是比初中数学难太多的存在。然而，就那么不走运，我时不时就会被老师抽到，然后在众目睽睽之下开始找不准音地一次又一次痛苦煎熬。

于是，我先是怨自己没音乐天赋，再是怨自己运气不好，然后就开始了无止境地对音乐课的排斥。即便我知道作为班主任的音乐老师其实很喜欢我，但我依然讨厌上音乐课。而这种讨厌，甚至影响到了我后来的生活。即便喜欢听歌，但很少敢开口唱歌，大概就是当年音乐课的后遗症了。

所以，有了这样的早年经历，我也很注意自己的提问策略，在点名作答上，尤其慎重。一般只邀请主动举手的学生；无人举手时，也会根据问题的难度来有的放矢地邀请学生。因为我深知，这种看似以"提醒认真听讲"为目的的提问，其结果往往与初衷背道而驰。尤其对小学高段学生来说，因被点名无法正确作答的尴尬与难堪，很容易引发师生关系的紧张，甚至由此影响学生对该门学科的学习兴趣。

有 17 个孩子提到：带着笑容上课

带着笑容上课，要是放到公开课上，那是百分百老师都能做到的。而在常态课上呢？至少我自己还做得不好。虽然我也深知，小学生由于心理成熟度和情绪调控能力还不强，因此他们的情绪很容易受父母师长的影响。课堂上，面对板着脸的老师，学生的情绪自然会紧张不安或者消极逃避。而带着笑容的老师，能带给孩子们如沐春风般的温暖轻松，自然也就能有润物无声的效果。

无独有偶，今天就在《中国教育报》上读到了一篇题为《致敬！这些"变脸"的老师们！》的文章，文中一位陈姓老师令我动容：在连上几节课的疲惫不堪后，走到教室门口，他不急着进教室，而是先站定，整了整领口，扶了扶眼镜，调了调面部表情，然后才以"笑容满面"的姿态大踏步地跨进了教室。

正如文章最后表达的：教师的笑脸，是最高级的情绪管理。这种情绪管理，能让学生始终处于安全的心理氛围中，无论对于学业成绩，还是个性培养，都将受益无穷。

有 12 个孩子提到：课堂上与同学互动得多一点

我辨认了一下这些孩子的字迹，无一例外，都是那些课堂上很少参与互动的孩子。但思维品质都不差，只是性格上有点内敛而已。

明明自己是不爱举手的娃，却又期待着与同学多一点互动，这看似矛盾的表象背后，在诉说着什么呢？

由此，我又对第一条观点产生了新的思考：不点名回答，是不是对所有孩子来说都是呵护？或许这种善意，有点老母鸡护小鸡的一厢情愿？因为我忽略了一点：没有人是一座孤岛。与老师同学建立联系，是学生个体在班级中建立存在感和安全感的一种重要方式。

那么，面对不太愿意举手的六年级学生，如何既不会生硬地点名，又能多一点互动，实现师生互动的高开高走呢？

我于是尝试着更加认真地倾听每一位学生的发言，从中找到值得被肯定的点，不断顺势引导，正向强化。我努力着让他们意识到：我重视他们的参与，欣赏他们的回答，他们可以做得比自己想象中更好；即便他们表现得不够出彩，老师和同学也依然感谢每个个体的参与带给大家的新思路。

因为我深深明白：当学生相信你会欣赏并信任他们，会帮助他们不断靠近成功时，他们的安全感就会猛增。

同时，一些高校老师的提问方法也为我提供了新的思路：有的老师玩纸飞机提问法，至于谁被邀请作答，真要看纸飞机的心情了；有的老师利用 APP 玩起了名字抽奖……如果突破惯常思维，以一颗更加有趣的灵魂去看语文课堂，当每节语文课都能变得像游戏般既妙趣横生又曲径通幽，语文学习是不是完全可以变成一件更加趣味盎然、意蕴丛生的事情？

在这节课最后短短的 5 分钟里，学生给我的建议还有很多，如"课堂上适当幽默一下""答错了不会被批评""有时补充课外知识""当我答不出来的时候，老师能幽默地帮我化解尴尬""给我们充足的小组交流时间""上课时不要靠我太近，否则我会更紧张"等等。

骄傲地说一句，有些建议，其实我本身已经做得很不错。但的确还有一些建议，是我之前从未意识到的。所以接下来的教学中，我会一一对标、自省，力争不断更新自我，努力营造学生们心目中安全而舒适的课堂氛围。

我所要传递给学生的，包括给我自己的是：我们所任教的学科并非我们所能给予学生的一切。更重要的是，我们必须让学生知道，他们的老师不止关心他们的分数，更在意的是他们的内心世界，和他们的每一个 40 分钟里，是否内心安全，思维活跃，成长快乐。

"戏精"老师

"戏精"是时下比较热的一个网络流行词，常用以形容某人善于给自己"加戏"来博眼球，一般含贬义。但"戏精"一词，其实还有褒义成分，即形容一个人善于表演，用以活跃气氛，或解决问题。

习惯性地站立到自己的职业角度来思考问题。这一思考不打紧，我突然发现，好老师里头，十个竟有九个，是"骨灰级戏精"。

戏精套路一：装生气

我刚入职时，同办公室有一位长我几岁的美女小姐姐，年纪不大，但班主任工作风生水起。但凡她带的班，娃娃们都服她，次次期末考成绩名列年段前茅。

但即便孩子们再服她，也逃不脱乡下孩子的野气，特别是几个人高马大的男孩子。所以，每每哪个娃娃惹事了，我便常能看见她紧锁着双眉，痛心疾首地将惹事的孩子请到隔壁闲置的小办公室低声细语一番。令我好奇的是，那些个被请的孩子，哪怕进去的时候怒目圆睁，而最后几乎无一例外都是流着眼泪走出来的。而处理完公案回到办公室的她，却早已像没事人一般，嘻嘻哈哈快快乐乐的。

而那个时候的我呢，面对着同样野气的娃娃们，真是"大火三六九，小火天天有"。我不单在教室发火，回到办公室还是怒气不减，非要把调皮蛋们的"恶行"统统诉诸办公室同事，才能稍稍降低一点我的暴怒程度。

两相比较，天上地下！憋不住好奇心的我，恨不得跟在她屁股后头去"听墙根"。我真想知道，她究竟是怎么做到让火气来去自如的。

她笑着告诉我，孩子犯错是再正常不过的。所以她并不会真的为此而大动肝火。但是，为了帮助孩子成长，她总是先佯装生气不已，让孩子意识到其行为的危害性，然后她再表示尽管生气但理解，从而在情绪上安抚了孩子，在心理上赢得了孩子。如此先动之以情，再晓之以理，最后导之以行，教育效果自然不会差了。

戏精套路二：装高兴

曾经的我，是个走到哪儿都一张面孔的人，喜怒全写在脸上，不加丝毫掩饰，还自诩"直爽"。这样的"直爽个性"，自然也被我带到了工作中。

印象特别深的那件事发生在某一年的秋天，我心爱的宠物狗突然过世了，哭了半夜加一个早上的我，红肿着眼去上班。那一天，我上课无精打采，动不动就想流泪。批作业的时候，看哪个孩子的书写都觉得不认真。至于辅导学生作业时，更是没一句好话，嗓门动不动就高八度，直惊得隔壁班学生忙着关窗。

直到一位年长的办公室同事关心地问我"是不是家里出什么事了？"时，我依然没有意识到自己这一天究竟有多失态。

又过了几天，这位同事见我情绪已经平复，才半开玩笑半认真地指点我："生活中的情绪，在出门的那一瞬间，就让它关在家里头吧。教书已经够累的了，别把生活中的情绪带到工作中，再给自己增加负担。"

我边听边细想，才觉得真遇到了高人。这位好心的老师，自己就是个乐天派，成天乐呵呵的，极少见他有烦心事。真是他的生活万事如意吗？想来，只因他是个不折不扣的戏精吧？——在家庭身份和职业身份之间做到了切换自如，才能如此浅笑安然吧？

而这样的自如切换，恰恰体现了他对学生负责、对同事负责的大智慧!

毕竟,学生也好,同事也罢,谁也没有责任和义务做我们的"情绪垃圾桶"。

也毕竟,古语云"静能生慧"。心境平和、欢乐的人,不仅招学生喜欢,而且能让教育工作充满智慧的光芒,让教育行为事半而功倍。

戏精套路三:装糊涂

这一招,让我印象最深的是"戏精"刘令军老师。他的《让学生真正改变的教育智慧》一书中记录了这样一个故事:

班中一位走读生丢了 100 块钱,这 100 块钱是该生一周往返的车费和零花钱。

于是,他先大张旗鼓地召开主题班会,组织学生深刻分析 100 块钱对于失主的重要性,再让学生一个个站起来发表对偷窃行为的看法。会上,学生一个个慷慨激昂义愤填膺,老师也大有不查处真凶誓不罢休的意思。

然后,刘戏精再抽事发时在现场的 10 名学生一一谈话,问的都是相同的问题:

"你丢过东西吗?""丢了之后,你心里怎么想的?""那个时候,你对那个拿你东西的人有什么想法?"

同事们都笑他这样是白费劲,劝他换个更高明的办法"破案"。他却说:"高调调查,不明真相。"

"高调调查",其目的,是在班里形成高压态势,让学生产生敬畏心理。"不明真相",是为了保护拿钱的学生。少年儿童还是成长中的个体,不存在"道德败坏"这一说法。这个学生或许是真的见钱起意,但也要给他反思和悔改的机会。如果硬要查出真相,就会给这位学生贴上"小偷"的标签,让他今后在老师同学面前再也抬不起头来,说不定因此会毁了他的一生。

也正是因为刘戏精的用情至深,这出戏,最后以喜剧收场——过了几天，那张 100 元大钞忽然又回到了失主的文具盒里。而此后，班级里再也没有发生过失窃事件。而那个一时贪念的孩子，也依然是个好孩子。

其实，"戏精"老师的套路，又何止这些。我见多了假装自己很空不累，利用午休时间一题题耐耐心心反反复复辅导学困生的戏精老师；见过为了培养学生阅读兴趣，天天捧着儿童读物进教室，佯装看得津津有味的戏精老师；见过为了强健学生体质，明明自己腿脚不好，却天天装坚强带头跑操的戏精老师……

这些时不时"戏精上身"的老师，他们怀着一样的教育情怀，以不同的戏路，一边给学生知识，一边给学生能力，一边让孩子欢笑，一边助孩子成长。

而孩子们的童年，也正是因为有了这样一群又一群可爱的戏精老师，而变得温暖、斑斓。

其实也可以"不吼不叫"

某一天,去隔壁办公室串门,一位老教师拿我打趣:"你真的从来没有脾气的吗?一次都没听到过你训学生啊!"

我连忙笑着回答她:"哪里是好脾气啊,是硬生生压回去了罢了!"其实这是同事之间的客套话,却也是真话。

特别是近几年里,在与学生的相处中,我很少高声训斥学生,更极少朝他们发脾气,但教育的效果却并不见得变糟。相反,学生和我感情融洽,相处甚欢。

也有同事问我是怎么做到的。我想了一下,除了有人到中年的淡然,更可能是因为我在遭遇学生问题时,没有忙着情绪激动,而是先将学生的表现进行了分类处理吧。

第一类:烦人但不严重的行为——小事化了,点到为止

老师每天面对着性格迥异的四五十个学生,自有一份外行无法切身体会的辛苦和烦恼。特别是班级中总有一些熊孩子,时不时制造一些或大或小的麻烦,有时甚至哪个乖宝贝也会来抢戏一番。想想的确有点心累。

但是理性去分析,其实这其中的不少看似有问题的行为,如同学间的小矛盾啦,偶尔不完成作业啦,难得违反纪律啦,都是可以略处理的。

这些问题,虽然从大人角度看着觉得不爽,但毕竟是以成人的标准去衡量的。站到孩子的立场去看,不难发现,很多问题其实是孩子成长阶段很正常的表现。所以,稍做善意提醒就能起效的时候,我就小事化了,点

到为止。

例如，今年入冬后，班中有个男生接连几天迟到。我并没有严肃批评，因为透过孩子每次迟到时不安的表情，我已读懂了孩子并非故意为之，一定有不得已的苦衷。因此，我没有批评他，也没有特地找他谈话。只是在孩子又一次迟到后，笑着对孩子说了一声"早安"。而那个孩子呢，自然早已臊得满脸通红。至此，他再也没有迟到过。后来，他在作文里记录了这件事。他说以为迟到之后会招致"电闪雷鸣"，没想到却是我一句带着微笑的"早安"。他说他羞愧不已，也感激我的宽容。

而就在刚才，一个偶尔一次没完成家庭作业的孩子，补全了作业来找我批。我告诉她："老师这么喜欢你，所以这一次我原谅你了，因为我相信你不是故意的。"原本神情紧张的她，听了这样的话，一下子轻松了很多。

我又告诉她："但是，下一次如果你还不完成，我就要哭了。因为我这么信任你喜欢你啊，你不能轻易伤害我啊！"她扑哧一声乐了。我也乐了。我深信，下次，当她再想拖欠作业的时候，一定会想起今天这一幕，然后在一番思想斗争后选择认真完成。

如上所述，不严重的事情，小事化了，并非不管，而是用艺术化的手法，引导学生自己发现问题，进行自我教育，在自我纠偏中获得自发的真正意义上的成长。

第二类：值得鼓励的行为——反复强化，以点带面

我曾一度教师职业病病入膏肓——最爱做"差评师"，见不得学生不好。每天事无巨细关注，全天候启动全程盯人模式。特别一进入教室，就总能找出让自己不满意的学生，或不入眼的事件，然后或发表一番演说，或进行一场批评。

后来读了一些心理学的书籍，我渐渐明白了孩子的信息接收和处理能力是有限的，特别是面对那些负向信息的时候。如果我们对孩子不停地说

教，或是抱怨，生气吼叫，孩子不仅会"信息超载"，还会出现"情绪过载"，最后必然导致师生情绪对立。良好的沟通，始于双方情感的同频共振，而一旦师生感情不在一个频道，纵使有再多的教育，自然还是徒劳。

所以我渐渐学会了从正向角度审视问题，只重点寻找学生值得被鼓励的点。

比如我们班的卫生工作问题吧，一度堪忧，扣分单纷至沓来。某天没有被扣分，我立刻请值日生分享打扫经验。如此，被正向强化的是"如何解决问题"的成长型思维，问题行为自然又演变成了成长的契机。无论于集体，还是于个人而言，获益的何止是眼前。

又比如早自习纪律问题，也曾有很多孩子爱说小话，这让那些原本静心看书的同学也变得蠢蠢欲动，三令五申也见效甚微。于是，再一次的早自习时间，走进依然不那么和谐的教室里，我不再看忙着扭过头去和后桌聊天的小张，不再训头凑在一起咬耳朵的小李小军，而是掏出手机对准盯住正埋头阅读的小月赞叹："静心阅读的女孩子，真美！"又把镜头转向同样凝神于书本的琴儿："腹有诗书气自华，就是这样一天天静心读出来的！"再把这些照片随手转发给了家长，同时附上我的评语。第二天，第三天，我依然进行着这样的操作……半个多月坚持下来，我们班的早自习纪律成了年段里最好的。

这就是教育的神奇之处：你看见什么，什么就会被放大；你肯定什么，什么就会生长。

第三类：触及规则和底线的行为——照章办事，坚守原则

学期初，我就和学生共同商议制定了很多规章制度及惩罚措施，内容涉及在校生活的方方面面。先共同商议，再整合制定，其本身的过程就是一种教育影响。特别是来自学生主体参与的规则，更能为学生所认同和捍卫。

当然，道德认知并不一定会引发道德行为。哪怕孩子们商议的过程义

正词严，在后来的学习生活中依然难免践行不到位。那么怎么办？该怎么办就怎么办！既然兴师动众制定了，自然要严格执行，否则，不仅伤及教师公信力，也会影响学生的为人处世方式。

就在今天傍晚，我在征得家长同意后，把连续3次不完成作业的孩子留校了。

留下后，我没有进行批评教育。敢连续3次不完成作业的孩子，一般都是在被批评教育中"身经百战"的，早已练就金刚不坏之身，简单粗暴的批评教育，已很难撼动他们。而且，带着情绪的批评，往往还会影响到师生间的情感。因此，顶多教师自己出口气的批评话，我一般不会说。

我只是告诉他们，不会做找我问，会做的耐心做，我等他们。尽管指针已经指向下班时间，儿子还等着我接放学。但我顾不得这么多。因为我知道，学生真正不认同不接受的，恰恰是教师或朝令夕改后或带着情绪的惩罚，而对于那些被一视同仁严格执行的规章制度，他们即便被罚，也会心服口服。并且，经历这样的操作，他们的内心会加深对规则和底线的认同，再有下一次的时候，多半会三思之后择善从之。

所以，概括来说，教育这件小事，说难，其实也不难。就是爱在左，管教在右，一边坚守教育的专业视角，一边尊重孩子的童真思维。如此，总能在和和气气亲亲热热中，和孩子一起行走，一起成长。

老师错了之后

突发疫情，线上学习成了时下热议话题，教师也成了"高危职业"：那些被迫接受新职业的十八线主（老）播（师）们，一边要不断 get 各种直播录播新技能，一边还要接受"一人上课全家观摩"的全民检阅。

这一检阅，难免就会有错误被曝光。然，人非圣贤，孰能无过。关键是，老师错了之后，怎么办？

不妨将错误转化为师生关系的拐点

我们都很怕在学生面前犯错，那多丢面子啊！相反，我们很喜欢在学生面前扮演全知全能的角色，希望被孩子看见的全是自己的闪闪发光。然而，高高在上的老师，孩子们真的爱吗？

我用数据来说话。

前段时间，我曾在部分小学、初中，和重点高中都做过一项调查，有关孩子最喜欢的老师类型，选项有颜值担当型、知识渊博型、严肃认真型、如沐春风型、风趣幽默型等。分类虽未必合理，但无论小学生，还是高中生，选择惊人一致，所有学段孩子最爱的，都是"风趣幽默型"教师。

为何？

因为与幽默风趣的人在一起，轻松快乐，自然喜欢时时亲近。而与高高在上十全十美的人在一起，两相一对比，照见的全是自己的不足不堪，自然局促不安，只想敬而远之。大人如此，孩子亦然。

我们再回过头来看这些网课主播们，有把自己静音了一节课却依然忘情投入讲课的，有让学生空等了一节课全程掉线的，有未对准摄像头硬生生让学生看了一节课鼻孔的，有播着播着用方言与爱人拌嘴的……

而孩子们又是怎样看待这些犯错的老师的呢？孩子们封他们为"班宠"，昵称他们为"老铁"，甚至还给老师刷礼物，满屏地表白"爱了爱了"。

何解？

心理学上有一个词叫"仰八脚效应"，指全然无缺点的人，未必讨人喜欢。最讨人喜欢的人物是精明而带有小缺点的人。精明人犯点小错误，不仅不影响他的优点，反而使人觉得他也和常人一样，会犯错误，有平凡的一面，由此会更受欢迎。

所以啊，老师们，不必害怕你在孩子们面前出了错，比起高高在上，孩子们其实更爱偶尔会出错的你。那样的你，在孩子们眼里更真实，更可爱，也更值得靠近和信任。

所以我还是很欣赏我市五年级语文录播课中的那位男老师的，今天上课伊始便跟孩子们纠正了之前课件上的错别字。不过，如果再加一句"对不起"，也许"馨"和"罄"这两个字，将很少再有孩子会搞错。因为他们会牢牢记得，曾有位老师，曾为小小一个字的错误而真诚地跟他们道歉。孩子们透过镜头所收获的，也将远不止一个知识点，更会懂得面对错误时该持有的姿态——坦然面对错误，坦诚承认错误，主动纠正错误。如此多好啊！

所以啊，讲错了知识也好，误会了学生也罢，能避免当然竭尽全力避免。但万一错误已经发生，也没什么可顾虑的。主动承认吧，真诚道歉吧，及时纠正吧。

而很多时候，也许就是因为你敢于接纳孩子的意见，因为你一句真诚的"对不起"，因为你营造了民主自由平等的对话环境，孩子们立刻就能看见你的可敬又可爱，他们会开心得屁颠儿屁颠儿地把你请进他们的心里，成为他们真真又敬又爱的"敬爱的老师"！

而当你住进了孩子的心里，教育的一切美好，也都将一一发生，或多或少，或早或晚。

不妨将错误变成自我成长的契机

关于这一点，我很有发言权，因为我自己就是个屡屡犯错的老师。

记得一次语文课，我板书"胸口"一词后，有学生开始窃窃私语。一问才知，原来我的"胸"字右半边"凶"部漏了最后一竖。严格意义上来说，这并非不小心漏掉的，而是我从小到大这么些年一直是写错的！

语文老师居然连如此常用的"胸"字都写错！丢脸丢到大西洋了！

而当时，全班40多双眼睛齐刷刷盯住了我，坐等我如何收拾残局。连那头号"走神大王"的眼神也死死锁定了我！

怎么办？怎么办？我当然有一百个办法来圆过去——"我写的是草书，你没看懂！""我已经讲到下题了，你的注意力在哪里？""有问题下课聊好吗？"种种。但如我真的那样厚着脸皮找遮羞布，学生又会怎么看我这个老师？

"老师你错了就错了，错了还不敢承认！装！假！"

"老师你教育我们知错就改，自己却死不承认！我们还能听你的吗？"

"老师你居然连胸都不会写！这也就算了！你居然连承认过错的勇气都没有！"……

于是我老实交代："天哪！这个字，我居然已经写错整整30年啊！多亏你们今天提醒了我，不然我也许还要错40年、50年！等下我去罚自己抄写几遍！顺便表扬你们上课如此专注，连我这样小的错误都被你们发现了！"孩子们乐呵呵地看着我笑，眼里满是喜悦。而我背后早已一身汗。真丢脸！

然而，紧张的后果是，我继续板书，却怎么也想不起来另一个词怎么写了，整个人杵在那里30秒，愣是没回过神来——"同学们，紧张是魔鬼。我在你们面前写了错别字，自己觉得太丢脸。结果一紧张，忘记'kǎi xuán'两个字怎么写了……"脸估计早已红到了脖子根。

　　孩子们哄堂大笑，同时立刻有孩子在下面喊，要怎么怎么写，更有孩子高高举起手，喊着"老师我会写，我来写！"……请诸位自行脑补当时的尴尬场面。

　　不过，那节课的后半程，那群娃娃们的专注度却是空前高涨，发言的小手林立，回答也精彩纷呈。我想想真是又好气又好笑：你们老师出了丑，你们居然激动成这样！平日里白疼你们了！

　　气归气，倒也是跟自己较真了，绝不能再给他们这样的机会了！自那节课后，上课要板书的内容，我必在语文书上先写一遍；要上的课文，我必先自己朗读上几遍；关键的知识点，走进课堂前必细细在脑海里梳理几遍。毕竟，人可以摔跤，但不能在同一个地方重复跌倒！

　　所以啊，面对错误，也没什么好害怕的。老师们，咱万一真掉进了坑里，也别害怕，先坐起来歇会儿，顺便想一想，为什么会掉下来？如何避免下次不再掉下来？然后找找爬出去的办法。而等你一点一点积累经验，一点一点完善自我，回过头再去看时，你会发现：这些错误才是成长道路上最好的奖赏！

老师迟到了

就在刚才，我迟到了足足半节课。而在这之后发生的一切，才真的值得被记录。

下午一点十八分，我批完作业拿起手机，才发现搭班的班主任已经来了一连串电话。瞬间一个激灵，完了完了，又完美地记错了上课节次。

二话不说，抱起书本飞奔向教室。边跑还边担心：这半节课一定吵翻天了！这回丢脸丢大发了！

才爬到三楼，已经听见了四楼上传来震耳的朗读声。是我们班！真是对不住隔壁班级了！尴尬二字在心头写得更大了。

走到教室门口，我先探了探头，带着尬笑，像个迟到的小学生一般。我想用身体语言来告诉他们我的内疚。

可是他们基本没人看我，依旧吼着读词语，那速度像一挺挺小机关枪。我耸了耸肩，继续尬笑着，迈步进了教室。

站定后，我拍手示意。孩子们立刻停止了朗读，一个个咧着嘴，坏笑着看着我。"要不要罚我教室外站5分钟？"我也笑着，用笑掩饰着内心的不安。

"不要不要！""不用不用！""我们知道你不是故意的！"……七嘴八舌，怎么听都是在给我台阶下。

我爬上这台阶，边拱手作揖，边直说"对不起"，同时感谢他们在我掉链子的时候，依然能如此自律。他们嘿嘿嘿地直笑。

然后开始上课。不知道是不是我的真诚致歉感染了他们，还是他们的温暖懂事感染了我，剩下的半节课，他们参与积极性特别高，我也显得特别兴奋。

作业时间，看着一个个埋头写字的他们，我不由得想：

如果，今天迟到半节课的是某位学生，我会这样笑着迎接他吗？我自己先摇头了。不会的。

多半，我会自顾自上我的课，只示意他快回座位，因为我不想影响自己上课的节奏，所以也就不会想到要不要顺势安抚一下这个孩子的情绪之类。

更甚者，也许会让这个孩子在教室门口先站上一两分钟，因为他违反了课堂纪律，多少是要杀鸡儆猴的，所以也就不会去细想孩子究竟为什么会迟到，是不是有不得已的苦衷。

然而，同样是迟到事件，主角换了，处理方式也完全不同了。我的孩子们，他们一定没有学过系统的教育学、心理学、管理学之类，但是他们却懂得用最温柔的方式，在我看来是几乎专业的办法，来处理这事件。

首先，他们分析研判了问题的症结，然后选择了最优化的处理方案。

一方面，在我缺席的时候，他们立刻主动补位——由小干部带着进行朗读，不让宝贵的课堂时间浪费。另一方面，在等待了我无果后，他们求助了科任老师；在科任老师也联系不到我的时候，他们立刻采取进一步行动，穿越整个校园，耗时将近 10 分钟，一路飞奔来喊我（虽然结果还是与我错路了）。

其次，当事件制造者——我——露面的时候，他们选择了无条件地包容接纳，很快安抚了我本来尴尬和焦躁的情绪。

试想，如果我进教室那一刻，看见的是他们无人管理下的吵闹，那我会怎么做？

事实上，这不是假设，我曾不止一次遭遇过这样的现场。于是，我的迟到成了工作太忙之后的理所当然，而他们的吵闹，则成了无视课堂纪律的不可原谅。然后，一场劈头盖脸的训斥，或者一次严厉的惩罚，在所难免。我在盛怒中忘记了，我自己才是那个始作俑者，甚至矮化了自己在孩子心目中的形象而不自知。而他们在被训被罚中，要么会被模糊了规矩的界限，要么就被激发了"只许州官放火，不许百姓点灯"的怨怼情绪。

往昔与今日，我还是那个我，而今非昔比的唯一原因是——今天，我的孩子们，用他们温热的心灵，无条件地接纳包容了违反课堂纪律的我，也因此成就了后来半节课师生互动的高光时刻。

也许有读者会想：你矫情了吧。不就是个迟到吗？做老师谁还没个迟到现场呢？孩子不会更不敢拿你怎样啊？有必要洋洋洒洒数千字吗？

这就是问题所在。

也许我们需要思辨一下：这学生和教师之间，差距何在？

身份？地位？学识？

在我想来，唯一的差距，就是我们比他们多读了几年书，虚长了几岁而已。甚至说到这多读的几年书，很有可能也仅仅是就我们所任教的这门学科而言，我们比他们多了一些专业知识，仅此而已。

更何况，我们必须承认的一点是，在当今这个并喻文化甚至后喻文化的时代里，很多方面，孩子已经懂得比我们多了。

所以，这师道尊严高高在上的架子，不摆也罢。

倒是很多时候，其实是我们该俯下身来向我们的孩子学习了。就比如迟到这件事。

而当我如此思绪腾涌的时候，我的板书中又出现了一个错误："染"字，我把下面的木字写成了带钩的。

孩子们立刻指出了错误。我再一次尴尬地自言自语道："我明明会写木字啊，怎么会犯这样的错儿呢？"

好几个孩子脱口而出："那一钩，估计是你的笔锋吧！"

我笑喷了："需要这样纵容我吗？不过，听你们这样一说，我心里真暖。接下来我一定把字写端正一点，尽量少出现这样的错误。不然真的太对不住你们的善良了！"

当我说完这些，下课铃声也响起来了。这时，一个小家伙低垂着头走了过来："老师，我忘记交作业了。"

换作以前，我可能会用沉默以示警醒，然后让孩子带着内疚的心情回座位。或者会当着其他孩子的面批评他一句"怎么这么没脑子啊"。

而这一次，我接过孩子作业本，笑着对他说："我知道你也不是故意的！"孩子诧异地抬头看着我，然后不好意思地笑了。

因为，就在刚才，我的孩子们，用他们澄澈的眼神和纯净的微笑，教会了我一个教育的常识：在面对那些无意而为之的错误时，宽容的力量，远胜于斥责和惩罚！

孩子们的礼物

今天是教师节。早上刚进校门,便与节日的气氛撞了个满怀——校园里随处可见或拿着或抱着礼物的孩子。有的三五成群交流着,或许是在谈论想先送给哪位老师;有的步履匆匆,估计是赶着去给老师送惊喜;还有的边走还边欣赏手里的花朵,估计心里正美滋滋的吧。

农村的孩子啊,再精心准备了,送的也都是最朴素的东西,偶有一枝鲜花,一个小摆件,一盆小绿植,更多的,则是一朵塑料花,或者一张自制的小贺卡。但正是这样一份不会花费家长很多钱的小礼,却能让孩子在这样的日子里,经营一份仪式感,体验一种特别日子里的浓浓师生情的流动与感染。

所以,当我走进教室准备组织早读的时候,孩子们早已蜂拥而上,用卡片和塑料花把我团团围住了。我笑得合不拢嘴,一一接过,一一感谢。只一会儿,讲台上就姹紫嫣红一片了。我赶紧请几个孩子帮我抱回办公室,并嘱咐他们:"走慢点哈!可千万别把同学们给我的爱掉地上了哈!"他们哈哈大笑起来。

上完课回到办公室,第一件事就是整理这满满一桌子的塑料花和小卡片。心里头还寻思着,该怎么处理呢?就在这时,一张褶皱得很厉害的小卡片吸引了我的目光,只见上面歪歪斜斜地写着一行小字:我的一定不如他们的好。文字后面,还跟着一个哭脸符号。

那一刻,我愣住了。我仿佛看见了卡片的小主人正伏在桌前认认真真地涂涂画画,修修改改,却一次又一次唉声叹气,因为自己拙劣的画技和怎么努力也写不工整的字迹。

他（她）一定很努力想给我最好的，但眼前这张卡片，也一定已经是他（她）能力的最大值了吧！

那一刻，他（她）会不会恼怒自己呢？

而此刻，他（她）会不会正在教室里忐忑不安，担心老师不喜欢这份礼物？

扳扳手指，这已经是我踏上三尺讲台后的第十六个教师节了。每一年的这一天，孩子们都会以各种形式送上他们的祝福，捎上他们对我的爱。而那些小小心意，都哪里去了呢？那些卡片，在搬办公室的时候，当废纸卖了吧？那些塑料花啊小摆件啊，最终都处理掉了吧？所以啊，后来一届届毕业之后，可回忆的东西，再联系的学生，也就寥寥无几了。

往事一幕幕中，又想起自己六年级的时候，我们的班主任是个师范刚毕业的大男孩。他很受我们欢迎，因为他会跳帅气的霹雳舞给我们看，他还会在我们每位同学生日的时候，都送我们一张生日贺卡。

我生日的时候，也得到了一张，上面写着他隽永飘逸的字，携裹着美好的祝福。那是我生命中收到的第一张生日贺卡，被我视如珍宝。所以后来他生日的时候，我也寻思着送他一份礼物。

可是，"80后"的农家孩子，又哪里有什么拿得出手的礼物可以送给老师的呢？我在家里找了又找，最后找到了一本被我只写过一页后一直不再舍得用的笔记本。狠狠心，我撕去了写过的那一页，然后努力地抚平痕迹，再然后，我把这本笔记本送给了他作为回礼。

送出礼物后，我激动又忐忑。激动于和老师之间多了一份联结，忐忑于老师会不会发现那本本子已经被我写过了。

可是令我意外的是，我的班主任居然用我送的笔记本开始记录着什么。我那颗小小的心啊，就从那时开始欢悦起来，觉得班主任真的把我当朋友，觉得我和他之间多了一些说不清的关联。

其实现在想来，一本小小的笔记本，对于我的班主任来说，真的太微不足道了。但是就是从那时起，我开始很努力地读书，成绩也越来越好。我至今不知道班主任是有意为之来唤起我的学习内驱力，还是无意间的行为。但他那个举动，的的确确唤醒了我。

思维切换到自己做了老师之后，如此想来，那么多年里，那么多孩子曾经捧出他们的心头最好物送到我的面前，给过我走进他们心里的机会。然而我却一次又一次心安理得地接过。也许会感动上一会儿，也许不会，再然后，随手一放，不了了之。

再也不可以这样了！

于是，我忙不迭地用手机把满桌子的姹紫嫣红拍了下来，放到电脑上，和前阵子给他们拍的集体照一并设置成桌面背景。再把办公室里最雅致的花瓶腾空出来，把那一枝枝塑料花整理好，拢成一束，插进花瓶，然后放在我的书柜里。又把小挂件统统挂起来，小卡片一一摆出来，无论制作手法多么粗陋，无论设计多么简单。

一切完工，再看自己的办公室，突然自己也笑了，嗯，瞬间童趣很多。但是俗气，真的很俗气！可是，学校本来就该是孩子们的学校，教师办公室也是啊！到处可见孩子的痕迹，到处有师生情感交融的痕迹，这才是真正的教育啊！

布置完这一切，我的心头充满了期待。嗯，等会儿，我的娃娃们来我办公室，看见我的电脑桌面啊，书柜啊，都被他们霸占了，他们会不会得意万分呢？真想到时候偷偷跟他们身后，听听他们怎么议论，哈哈哈！不过有一点我敢肯定：我的心里装着他们，他们一定懂！

你嘴里的孩子什么样,他就真的什么样

有感而发这句话,是缘于近段时间和孩子们的线上交流互动。

疫情仍在蔓延,假期无限期延长。统筹考虑后,我在班级中安排了课内古诗文背诵活动,孩子们根据我的安排每日发语音供我评价。

最开始的时候,可想而知,一些学习基础好的孩子自然轻松完成,而一些后进的孩子则真的彼此心累。他那里一遍遍发语音,一遍遍疙疙瘩瘩,我这里一遍遍收语音,一遍遍指导反馈。好在悠长假期,我们彼此都有的是时间。所以,他们在家长的陪伴下坚持着,我也在家长的支持下努力着。每回听完那些后进孩子的语音,我都会努力寻找一两点值得肯定的地方,及时反馈回去,哪怕是再不堪的作业。其实我是担心家长比孩子更快失去信心。毕竟,让家长直面教师,直面孩子的屡屡失败,总归不是什么令人开心的事情,甚至对有些情感细腻的家长来说,堪比打脸。

然而,奇迹就这样发生了——

小玉,那个我任教的一学期里只交过没几次作业的女孩子,由一开始的一首诗要重复发送五六条,嗯嗯啊啊老半天,到后来难度系数颇大的《自相矛盾》也只需要二十几秒便轻松完成。

小齐,那个上课专注不了 10 分钟,检测勉强及格分的男孩子,从一开始背诵得慢慢吞吞到我几乎要打瞌睡,声音轻到我要调到最大音量且把耳朵凑到听筒边,到今天的口齿清清楚楚,断句干脆利落。

还有那个小红,小良,小婷……我想我真的被他们惊艳到了。

而这所有的改变,其实不过因为我在每条背诵语音后面,加上了这样的话:"最流利,一定因为最肯花时间!""老师看见了一个越来越努力的

小雨!""你的声音真好听,如果能再流利一点,就完美啦!"……

我想你和我一样,能看见在那手机背后,他们曾一遍又一遍,一遍又一遍地咬紧牙关努力着,只为能验证老师的那句评价,只为不让老师失望!

老师的评价啊,在孩子那里,真的是有着如此神奇的魔力!

回想我们每个人的成长历程,或多或少都会被师长赋予各自积极的或者消极的评价。你细细去回想,这些评价,是不是也曾左右你很长时间?

至少我是这样的。

刚进初中时,我的文科成绩很出色,但理科几次检测下来均一般。一次,一位老师对我说:"你偏科这么严重,要吃亏的啊!"我自然明白老师话里的意思,指我理科不行啦。说也奇怪,自打那个时候起,我便尤其害怕那位老师的课,害怕他再跟我说那样的话。到后来,连带着对其他几门理科学习也提不起兴趣来,回家做作业,也总把这几门课留到最后。可想而知,相比较语文、英语、政治,我的理科中考成绩自然并不是很理想。

进入师范后,依旧文理科都要学。不过,化学和几何老师都很好玩,因此我上课也便劲头很足。说也奇怪,期末考试的时候,这两门功课的成绩好到超出我意料。我都甚至要怀疑老师们结分时是不是错把 6 写成了 9!我初中的老师不是说了我"理科不行"吗?

而如今再回过头去看看,自己要笑了。自作聪明误终身啊!当年老师一句善意的提醒,被我给自己贴上了"理科不行"的标签,此后满怀畏惧与自卑,硬生生割断了我与理科学习那份本该缠缠绵绵的情缘!

由此不由得去反思自己的教育生涯,首先回忆起的自然是那些自鸣得意的正面教材:比如,那个因为脸上有道疤而从来没有笑容的孩子,因为某一天进校门时主动叫了我一声,还扯了一下嘴角,似笑非笑。我拉住他,告诉他:"看见你朝我微笑,我觉得自己一整天都会有好心情!"而那以后,每回我站门岗,他都要停下来叫我一声,然后扯着嘴角努力挤出一个笑给我。

又比如,那个参军在部队负责新闻报道的小伙子发我信息:"老师,我现在的新闻稿总能得到领导的点赞。这是因为小学的时候,你总夸我作文水平高,由此让我爱上了写作!"而我努力又努力地回忆:我这样夸过他吗?我不记得了。但我也许无心的那句话,却深深烙印进了他的生命里,成就了他某一个人生阶段的骄傲。

又想到,曾经那个被我和我们办公室老师戏称"拖拉"的孩子,真的直到初中,还是作业拖拖拉拉,最终,那么高的智商,却连普通高中也没考上。

那个被我天天斥责"懒惰"的女生,到了六年级的时候,真的懒得连上学都不高兴来了。

而那个被我状告家长"偷拿同学钱物"的孩子,长大后再见我时,连一句"老师"都没有叫出声,只留给我一脸冷冷的表情,使我内心深感愧疚。

又比如我自己的娃数学字迹潦草又不肯验算,我于是一次次苦口婆心:"你这样的态度学不好数学的!"于是期末考前一晚,他跟我讲:"妈妈,我觉得我肯定考砸,因为我学不好数学!"……

多么痛的领悟!

早在 2000 年前,古希腊人就在帕特农神庙的门柱上刻下了一句"认识你自己"作为神谕。认识自己,是人类一辈子的难题。对于知识面和生活经验都欠缺的孩子来说,更是加倍的难事了。他们对于自己"是怎样的人"的评判,更多依赖他们生命中最重要的人——父母、师长。我们说出口的每一句评价语,我们反反复复强调的每一个积极评价,都将是他们努力的动力,就如《罗恩老师的奇迹教育》的作者罗恩老师所说的:"孩子会努力成为你所期望的样子。"而每一个消极的评价,也都会被孩子烙印进心里,从此,他(她)也会跟随你的眼光,那样去看待自己。

此时,再回头去看看本文开头,那些因为一个个音频被点赞而越来越自信的孩子，我无比内疚。因为行政工作忙，因为班级授课制人数多，因为家庭教育不重视……我曾给自己找了太多理由，错失了那么多与每一个生命个体亲密接触、传递温暖和希望的机会。好在，一切还为时不晚！

所以啊，我提醒自己：在自己的脑海里，时刻记得，多一把尺子衡量孩子，多看到孩子身上的闪光点，多引导他们看见自己身上的积极力量。也通过自己的言与行，在他们的脑海里，多贴上几个正面标签。

我深信，今天我们在孩子心头播下的那些裹挟阳光的种子，将会在他们今后漫长的人生中，发挥难以估量的作用！

儿童节随想

今天是快乐的六一呀。一早走进校园，气球彩带，水果佳肴，还有孩子们欢笑的脸庞，忙碌的身影，早已处处洋溢着节日的喜庆。

我的内心也开始欢悦不已。

曾跟朋友开玩笑："做教师，是我此生最正确的选择。没有之一。"

若要问理由，其中一定有一条，因为可以年年蹭六一呀！更因为，只要和孩子们在一起，其实天天都有节日般的欢乐。

孩子啊，这世间心地最单纯、交往最简单、笑容最纯粹、幸福来得最容易的神奇物种啊，你只要和他们待在一起，自己就很难不变得童真起来。因为他们的生活本身，就是如此童趣盎然。

讲几个很好玩的孩子的故事。

倒垃圾的小男生

一天下课后，在回办公室的路上，碰见个大约是一年级的娃娃，矮矮的个子，拖着两个足有他半个人高的垃圾桶，土着脸走来。

嗯，垃圾桶那么大那么重，还脏脏的，一个人还拖两个，的确挺不开心的。

于是，走近了，我喊他："小伙子！你怎么可以这么能干！一个人能一下子倒两个垃圾桶啊！"

他没理我，面无表情地从我身边走过。

隔了几天，又遇见他倒垃圾，依旧土着脸。我又喊他，依旧是上次的话语。这一回，他的脸上表情有了些变化，嘴角开始上扬，但依然没跟我说话。

当第三次我们又遇见的时候，我还是大声夸赞他"能干"。这一次，他喊我"老师好"了。

两个垃圾桶依然那么大，他依然拿得有点吃力，但是他脸上的表情不再那么沉重了。我朝他笑，他也朝着我咧嘴笑。

我在猜想，那一刻，他心里是不是会闪过这样的念头：嗯，我是个很能干的孩子呢！

你看，这就是做教师的快乐：何其荣幸，只简简单单几句话，就能影响到一个孩子的行为甚至是观念，哪怕我们彼此不相识。

这种职业幸福感，大抵只有身在其中，才能心领神会吧！

潜能生小轩的故事

课堂作业时间，孩子们埋头做题，我随机巡视，时不时纠正一下读写姿势，也不忘找一找孩子作业中的闪光点。

走到平时字迹潦草的小军边上，我指着作业本对他说："这次书写有进步，特别是这个字，间架结构真美观！"

还没等小军说话，他的同桌小轩睁着忽闪忽闪的大眼睛盯着我，一脸认真："老师，那我的字写得漂亮哇？"

五年级的男孩子，大概快有一米六的个儿了，如此一问，萌到我了。

我竭力忍住笑。但显然，他的求赞方式也已萌翻了全班同学，哄堂大笑随之而来。

学业成绩并不理想的小轩面对这样的场面，一脸尴尬。

我止住笑声，问孩子们："你们笑什么？"

于是，有孩子说小轩很萌很勇敢，有孩子说小轩很有幽默感，还有孩子告诉我，小轩有进取心。

我真的没有办法不被他们感动到啊："那么我们把掌声送给爱学习又

童趣十足的小轩同学吧！感谢他带给了我们轻松快乐，更要感谢他让我们看见了努力向上是什么样子！"

孩子们拼命鼓掌，而小轩眼睛里则闪烁着光。

你看，这就是做老师的快乐：一边不断教育影响着孩子，一边也被孩子们不断教育影响着。特别是儿童身上那种干净纯粹的善意与温暖，和那些身处逆境依然内心阳光的坚强，总能不断荡涤我们的灵魂。

兴奋过头了之后

周末批了孩子们的单元卷，分数很不好看。思虑再三，我还是决定今天的语文课不讲评试卷，以免影响孩子们过六一的心情。而就在前思后想中，时间被耽搁了，等我走到半路，上课铃声已经响起。

从我的办公室到我的班级教室，要穿越整个校园，历经下四楼再上四楼的路程。因此一般我都会提前10分钟出发，保证在课前便出现在教室里。也因此，接下来的一幕让我气不打一处来——

在我脚蹬高跟鞋气喘吁吁终于爬上四楼后，老远就听见自己班级里人声鼎沸。

说好的自觉呢？被六一冲昏头了吗？居然完全依然在下课模式，包括课代表！

真过分！我那边在担心分数影响你们的心情，在担心给你们的礼物能不能准时被送到，而你们这群没良心的家伙在干啥？！

但是，我依然控制住了情绪，只一言不发，站在走廊上，一边调整情绪，一边静静等待，一边脑海里飞快盘旋：如何处理最妥帖？

过了一两分钟，教室里安静下来了，课代表开始组织课前朗读。

在他们读完了两三篇课文后，我走进了教室："课前乱七八糟这一幕，让我的心情很沉重。你们呢？"

孩子们也表情凝重，低头不语，一个个知错的表情。

可是，光知错还不够啊，从错误中成长才是错误本身最大的价值。那么，我该如何挖掘成长点呢？

我接着说："你们课前纪律不好，我有责任！第一，因为平日里我管得太牢了，没有培养你们的课前自主管理能力，我跟你们道歉。第二，因为我今天迟到了，我突然放手，你们不适应了，我道歉。"这是我的真心话，任何孩子的问题行为，背后一定或多或少有家长或者老师的责任。

听着我的真诚致歉，孩子们一脸蒙的表情。他们十有八九正等着我的训斥，而我如此操作显然完全出乎他们的预料。

"我觉得吧，遇到任何事情，我首先要做的是自我检查，看看自己有没有责任，然后先从自身的改变做起，这样才能真正有所进步。所以，我要跟大家道歉。"我把重音放在了"自己""自我""自身"上。

他们似乎若有所思，有几个孩子的脸上闪过一丝若隐若现的欢悦。我猜想，我的话，入了他们的心。

"那么你们有什么想跟我交流的吗？"

又一阵沉默之后，几个孩子站起来分享了，有说"自己没管住自己，随大流只顾着讲话"，有说"应该理解课代表的不容易"，还有说"不该不听课代表的话"，那低垂的小脑袋，后悔的小表情，差点没把我逗乐了。

而我的心里早已乐开了花，若真的能把错误行为变成成长契机，在错误中习得生活的经验，在错误中磨砺心性，这样的错，错也错得其所！

我连声夸他们都 get 了"首先自我反思"这一成长法宝，并表示相信他们不会再如此调皮了，同时提醒课代表下课找我探讨管理办法。

此事就此了结。

你看，这就是做教师的快乐：彼此平等，相互尊重，在一起应对生活时不时的调皮捣蛋中共同成长。然后在彼此的理解与懂得中，会心一笑，继续携手前行。

而其实，像这样趣味十足又温情脉脉的故事，在孩子们和我之间，每天都在上演着。

所以常常想，这份职业带给我的快乐，与其说是从事着自己所喜欢的职业，莫如说是因为孩子们用他们童年的话语、童真的笑容和那童趣盎然的生活模式，不断滋养着我的心，让我常常能逃离现世的浮躁与世故，在校园围墙内，觅得一处伊甸园，静心耕作，喜悦收获。

也所以，在今天这个属于孩子们的节日里，我悄悄给每个孩子都准备了三份礼物：一颗星空棒棒糖，一本《快乐日记本》和一支学霸笔。

等下我会去找我的孩子们，和他们一起吮着棒棒糖，聊一聊三份礼物的寓意。

在他们的七嘴八舌天马行空后，我会揭晓谜底：

送他们星空棒棒糖，是想告诉他们：和他们在一起的生活和学习，我感觉像糖一样甜美。往后的日子，我们要一起，继续脚踏实地地努力，也遥望美丽梦想与灿烂明天。

送他们《快乐日记本》，是想邀请他们：记录下每天的快乐事，学会感恩身边的每一个人，感恩生活的一切赐予。

送他们学霸笔，是想提醒他们：在我的眼里，每个孩子都闪闪发光与众不同。只要足够努力，每个孩子都能实现自己的价值，在某个方面成为"学霸"。

当然，最后，我一定会告诉他们：感谢与他们的遇见，感谢有他们的陪伴，也感谢他们对我这个不完美的老师的包容与喜爱。因为有他们，我的职业生活才会如此简单纯粹、宁静快乐，我才能年近不惑，依然童心未泯！

第三辑

问题行为，也是成长契机

在这间自由生长的教室里：

孩子是被允许犯错的，孩子的问题行为是会被看成有价值的。透过孩子的问题行为，老师可以更深度地看见孩子真实的心理诉求，发现孩子成长背后的隐忧。经由孩子的问题行为，老师会洞见该给予孩子何种更合适的营养，而孩子会明白自己的生长点在何处。

于是，所有的问题行为，都成了孩子们一个又一个成长的契机，成为见证孩子们生命拔节的一座又一座里程碑。

一场蓄势待发的群架

"老师老师,我们班和一班就要打起来了!你快去看看吧!"

年段拔河比赛结束后,我刚回到办公室端起茶杯,几个娃娃就冲进我办公室连喊带喘。

我几步跨到了教室门口。一看,傻眼了——

我班的一群男生,和一班的几个男孩子,正两军对垒似的站立着,一个个横眉怒目,小拳头攥得紧紧的……

我稳了稳自己的情绪,示意他们先各自回教室。

回到班级,我尽量保持一脸平和,然后开始了解情况。学生纷纷举手还原事件的真相。原来是这么回事——

刚才的拔河比赛中,我们班在和一班的冠亚军决赛中败下阵来,拿了第二。输了比赛,孩子们本就有些情绪低落,一班几个调皮的男生又恰巧在谈论拔河的事情,言语中有"三班(即我们班)本来就比我们差"的措辞。我班的几个男生听不过去,就和他们争论起来了。六年级的男孩子,总是带着点血气方刚,自然是互不相让,言辞激烈,甚至口不择言,于是上演了本文开头"烽烟滚滚"的一幕。

又好气又好笑啊!这是一件极坏的事情,若不是学生及时找我报告,也许就会酿成群体性冲突。但以一个教育者的职业敏感,我也立刻意识到,这也是一件极好的事情,如果引导得当,也许能有意想不到的教育效果。于是,我引发了如下一场师生对话:

师:老师特别理解你们此时的心情。可以说给我听听吗?

生1：他们这样说，太欺负人！

生2：他们这是侮辱人！

师：我听出来了，你们都很热爱集体。但你们刚才的表现，究竟是维护集体尊严呢？还是损害班级荣誉？

学生沉默……

师：大家再想想，是不是全都是一班同学的错？我们自己有没有错？

学生继续沉默。良久后，班长举起了手。

班长：如果我们当时不理他们，就不会吵起来了。

师：班长说得有道理吗？

众生点头。

师：是啊，任何时候，与别人发生矛盾了，我们都首先要想一想，自己有没有错，如果错，错在哪里。如果大家能像刚才班长说的那样，控制好自己，也就吵不起来了。

学生再次沉默。

师：我其实很理解你们，拿了第二，不服气是吗？

学生点头如啄米。

师：你们想过吗，我们为什么会输给他们？

生3：我们班个子比一班好像要小，所以力气也要小。

生4：他们运气好而已。

师：我们先不讨论个子、力气、运气的问题。大家都来说说，一班哪些方面做得比我们好？我们四人小组合作来讨论一下。

一番讨论后，小组汇报。

生5：我听见有老师在说，一班拔河的时候，身体重心压得比我们低。

生6：他们拔的时候是喊着口号"一二、一二"用力的，我们不是。

生7：他们拔的身体，身体都是往后倒的。

师：这些都是技巧问题。

生8：他们体育课都在训练的，我们没有训练。

师：的确，他们练得很认真。

师：你们看，并不是我们个子比他们小，也不是他们运气比我们好。而是在拔河比赛这件事情上，他们比我们努力多了，他们认认真真训练，掌握好了拔河的技巧，所以，才能拿第一。我觉得，他们的第一名，是实至名归的。

学生若有所思，纷纷点头。

师：大家再想想，这场矛盾，问题究竟是出在一班身上，还是我们自己身上？

学生纷纷不好意思地低下了头。

师：老师知道，你们都是勇敢的孩子，做错了事，我们就要勇于承认错误。你们打算怎么做？

众生一番沉默后，开始七嘴八舌，大意是去跟一班道歉之类。

师：道歉之后我们又该做些什么呢？难道你们就这样甘拜下风了吗？

学生头摇得像拨浪鼓。

师：眼下就有一个好机会。下个月有班级美化布置评比，你们打算怎么做？

学生又开始七嘴八舌，眼睛里开始闪着光芒。

众生：我们可以早点准备起来。我们可以去查查资料，学习一下。我觉得也可以去其他班参观一下，看看人家是怎么布置的。……

师：从哪里跌倒的，就从哪里爬起来！老师陪着你们一起，好好努力，证明我们是最棒的！

教室里掌声一片……

在接下来的课余时间，我班的学生就像充足了电一样，热情高涨地投入到班级美化布置评比的准备中。从搜集整理资料、投票确定布置方案，到具体分工、每个板块内容的安排，甚至连出刊黑板报究竟使用粉笔还是水粉颜料，学生都专门请教了美术老师……

而在这个过程中，我一直不遗余力地肯定他们的付出："这个点子棒极了！你一定查了很多资料吧！""这个内容选择得太有价值了！花了你不少时间吧！"……

有了如此全力以赴的努力，一个月后，我们班如愿以偿地将第一名收入囊中。

当我再一次和学生谈话，问及获得第一名的原因时，学生纷纷给出"努力""准备充分""团结一心"等回答。那一刻，发自内心地，我笑得很甜很美。

当我开始复盘整个"群架"事件，"归因训练"这个词跳入了我的思绪。

面对不够理想的成绩或现状，小学生往往无法进行正确的归因。而错误、消极的归因方式将直接影响他们的情绪状态和行为方式等，并会对他们后续的发展产生极大的负面影响。此时最需要教师对其进行积极干预，以帮助其形成积极的归因方式。

在上述事件中，我认为自己在这几个方面的做法还是值得被肯定的：

1. 稳定情绪，引导暴露归因风格

我们常说"发现问题是解决问题的一半"。所以要想引导学生正确归因，首先需要了解学生目前的归因风格。

如上文事件中，面对这场群体性矛盾冲突，我并没有气恼地直接批评教育，尽管我很明显带着情绪走进教室，但我理性而及时地稳定了自我情绪。然后面对学生时，我首先安抚他们的情绪，并与他们共情，站在他们的立场上，表示理解，肯定其行为中隐含的积极面，即对于班级荣誉的维护和热爱。

随后，通过平等对话，引导孩子们说出自己真实的想法，暴露出其消极的归因风格，即将与隔壁班的群体性矛盾事件，错误地归因于对方出言不逊，而将拔河失利，错误地归因于自己能力不足，对方运气太好。

这种消极的归因方式导致产生了消极的情感体验及行为：一则因为觉得自己班级参赛选手普遍个子小，力气小，内心正无助且懊恼；二则觉得对方班级取胜不过因为运气好，心里难免更加气愤；三则对方班级言辞不友善，致使孩子们认为对方是"来取笑"，因而产生了敌意。无处发泄的各种情绪纠缠到一起，这场群体矛盾在所难免。

2. 理性对话，澄清不合理归因

小学生往往对自己的归因是否正确没有太清楚的认识，这需要教师在学生暴露出来的归因风格基础上，引导学生分析自己归因的不合理之处，让学生意识到消极归因将直接影响后续的思维和行为。

在这一事件中，在孩子们暴露了自己的归因方式后，我立刻引导学生进行理性分析：

首先思考，和一班产生摩擦的真正原因，究竟是对方出言不逊，还是自身没有控制好自己的情绪和行为？

再引导思考，真的只是因我们班力气小、运气差，才输给一班的吗？

经过一番理性对话与思辨后，学生终于意识到了：引发群体性矛盾，问题更多出在自己班级同学没有控制好情绪；而拔河比赛的失利，主要原因是自己班级训练不到位，技术掌握得不够好。

3. 无痕引导，渗透"成功"的正向认知

上述事件中，我有意识地引导学生通过小组合作讨论，去寻找"一班哪些地方做得比我们好"，再以集体汇报的形式展示他们的思考所得。

经过生生、师生之间思维的碰撞，学生终于意识到，一班之所以能拿冠军，是得益于他们赛前认真的训练，掌握好了拔河的技巧，并且在比赛时加以合理运用。一班因为足够努力，所以才能获得冠军。这种成功，无关运气。

至此，我意在引导学生通过对具体事件的复盘反思，一点点渗透有关"成功"的正向认知，即：每个人不是天生就能获得成功，成功取决于一个人的努力程度；机会总是垂青于有准备的人，丰硕的果实总是离不开汗水的浇灌。

4. 活动跟进，系统化训练积极归因方式

单凭"群架"事件，要彻底纠偏学生认知，训练形成积极的归因方式，显然是不可能的。要想让学生真正掌握积极的归因方式，还需要在实践中不断进行强化、矫正训练。

因此，我以班级美化布置评比为契机，引导学生不遗余力参与其中，各展所能、各尽其责。在整个过程中，我也全程参与活动，扮演好评价激励者的角色，不断给予学生鼓励和肯定。这就等同于将一场班级美化布置活动，分解成很多个积极归因训练的小环节。学生每付出一点努力，每前进一小步，都会获得教师的积极心理暗示：只要付出努力，就一定会有所收获。而获得班级美化布置第一名后的集体对话，学生早已扮演了主角。不需要教师多言，他们都明白，获得成功，没有捷径，唯有自身足够努力，才能赢回自信，迎来尊重。

"群架"事件已经过去良久了，但我的思考却从未停止——

教育无小事，事事都直指学生的未来。如我在"群架"事件上以一番简单粗暴的斥责收场，那么就错失了教育的绝佳时机，甚至可能对部分学生的后续发展产生一定程度的消极影响。

所幸，我能及时对学生错误的归因进行积极干预，引导学生将失败归因于可控因素，使学生逐渐学会失败时不全盘否定自己，不对未来失去信心，而是保持积极情绪，在实践中加大努力程度，学会以阳光的心态拥抱他们成长历程中的每一次挑战。

教育，就如一场长途跋涉。教育者的每一次教育、引导，仅仅是学生漫长生命历程中的一小步而已。但作为教育者的我们，必须时刻提醒自己：这每一小步，如何跨出，如何迈坚实，对于成长中的个体而言，都是无比重要的。

当班级里玩起了"带货"

前些天,班级里几个孩子从某宝批发学习用品,到班级以低于市场的价格出售,生意火爆,连很多班干部也参与其中。一时间场面热闹至极,孩子们乐不可支,俨然过节一般。

如果只仅仅盯着这件事,作为班主任,我心中恼火也是正常。毕竟这样的违规操作,的确有点玩得太大了!但是,跳出事件本身,从教育的角度去看,我想到了更多。

教育的目的,绝不仅仅是立足当下解决问题式的禁止和惩罚,这只是短期目标,往往治标不治本。教育的过程,我们更需要关注事件背后隐含的教育生长点,以及我们的教育行为所产生的深远影响,即通过问题事件培养学生的自控力和道德判断力,能让孩子将来即便少了父母师长之类的权威人物在身边,也依然能表现得深思熟虑理性负责。

基于这样的思考,我觉得有必要和孩子沟通一下这个话题。

走进学生真实内心,剖析事故成因

1. 习作还原,了解真相

正巧语文课学习到小说单元,结合周末习作,我便组织学生以校园小说的形式,还原事件真相,表达真实观点。我告诉他们,我也从童年走来,所以我很理解他们,也会以尊重为基础聆听他们的心声,会站在他们的立场看待问题。

在读了他们的习作后，我发现学生的立场大体分两类：

第一类：自我申辩型——其实问题没那么严重。

不少学生以小说主人公的身份向我表达了心声：学习生活简单乏味，班级里引发的"商业行为"虽然未必很合适，却成了他们紧张学习的调剂，有点校园小说中经典剧情的味道，甚至会成为童年回忆中浓墨重彩的一笔。

靠自己的能力实现"零花钱自由"，是很炫酷的事情。有好几位学生在文章中表达了"暴风雨来得太快了"的无奈，认为卖家同学定价比商店更便宜，既优惠了同学，也锻炼了自己的能力，是一举两得的炫酷行为。

第二类：自我反思型——都是自己盲目跟风惹的祸。

这部分孩子表示，看到班干部也在参与买卖，便没有往深处想，只顾着随大流凑热闹，并未觉得此事有什么不妥。何况优惠力度大，不买岂不吃亏了，便也纷纷参与。甚至还有打了欠条参与交易的。

2. 梳理解读，分析成因

我是边笑边看完的。不得不承认，孩子们很有自己的思想，也很敢表达自我，这让我很是欣慰。

而且我也挺认同他们的想法，"带货"这个词，是当下很时尚的话题啊。在校园里发生这样的事情，未尝不能理解为这是学生社会性发展良好的表现，是创新求变思维的体现。虽然这样的做法与班规校规相左。因此，如何进行财商引导和规则意识培养是关键。

另一个方面去看，这样的生意市场火爆，也恰恰暴露了班级课余生活的乏善可陈。因此，如何跟进班级活动，让学生的课余变得多彩起来，也是很重要的一环。

还有学生反思自己盲目跟风，这也是实情，却值得原谅。小学生一般都喜欢与同龄人做相同的事，他们很在乎同伴对自己的看法，他们需要被自己的同伴接受认同——这是这一年龄段个体存在的最重要证据。所以，作为教师，我们最亟待做的，不是通过惩罚去禁止行为，而是通过引导去带领学生进行理性思辨，明晰求同存异的真谛。如此，才有可能让其在下次遇到类似问题时，能够激活旧知，冷静分析，智慧应对。

事件来龙去脉我已大概知晓，孩子们的心声我也已经听懂，下一步棋该怎么走，我的心头也有了主意。

创设情境，角色互换中纠偏学生认知

为了与孩子建立情感链接，以使我的教育于无痕中真实发生，我设置了一个情境，引导他们在换位中进行思辨。

师：我也是学生时代过来的，特别能理解你们的想法。没有故事的童年是不完整的。这样的经历说不定会成为你们他年同学会的"童年十大回忆"之一。

学生笑了起来。

师：讲真，能想到这个法子的同学真的挺酷的。其实几年前，我也有过想法，在微信里卖点什么，毕竟我有那么多家长朋友，生意一定很好。经历了你们这次故事，我又萌生了这个想法。我家里有很多适合儿童阅读的书，不如，我在朋友圈卖书。我也有不少很有效的护肤品囤货，也可以以比较便宜的价格卖给你们的妈妈。你们看怎样？

听闻此言，学生们有的诧异，有的点头。

师：你们帮我分析一下，这样操作可行吗？让我也赚点外快，实现"零花钱自由"！

下面一阵骚动，意见不一。

师：四人小组讨论一下，帮孙老师分析分析，等下我们集体交流。你们交流起来，我顺便看看淘宝还可以批啥来卖。

学生开始小组讨论，而我真的坐下来刷起了淘宝。

七八分钟后，声音渐小，但我装作没听见，自顾自刷手机。

103

又等了一会儿，讨论声消失了，教室里安静得出奇。我没抬头看他们，但已经猜到了他们的表情。面对着课堂上公然刷手机逛淘宝的老师，他们的表情一定五味杂陈。我依旧沉浸在手机的世界里，直到这样的沉默保持了足足有几分钟，才故作依依不舍地把视线从手机屏幕上移到他们脸上："啊？你们啥时候讨论好了啊？不好意思噢，我逛淘宝太投入了，没顾上你们！"

学生开始一组一组汇报对我打算微信带货的想法。我们合作梳理关键词，我又逐一写在黑板上：

1. 不符合老师的身份。
2. 时间精力有限，导致主次不分。
3. 破坏老师的美好形象。
……

最搞笑的是最后一组，想到的理由都被前面几组分享完了，于是来了一句"反正就是觉得不好"，惹得大家哈哈大笑。

师：你们说服我了！本来还想借教师这个很有权威的身份赚点外快，现在看来老祖宗"吃啥饭操啥心"这句古训还真是有道理的。那么来，你们也来读一读这些关键词。

我笑着指向黑板。学生鬼机灵着呢，跟着读出了声——"没那么多时间""不符合身份"！

师：为什么我要干预这件事，你们明白了吗？
孩子们若有所思，纷纷点头。
师：有商业头脑不是坏事。只是，现在还不是你们思考如何赚钱的时候。以合适的身份，合适的时间，做合适的事，这才叫明智之举！

　　他们又点头。

　　我又将事先打印好的《首富李嘉诚的故事：成功的奥秘在于学习》一文发给孩子们阅读，一起讨论。

　　那晚的日记里，很多孩子记录了这件事。细细读下来，我发现，"在正确的时间做正确的事""打下扎实基础才能编织美好未来"等观念，多多少少是入了他们心的。

　　如此看来，此次对话的教育效果还是基本达成了的。但若只到此为止，其实只解决了"为什么不可以在班级售卖物品"的问题，而事件背后真正的诱因，还未从根本上解决。

活动跟进，体验中培养财商

　　涉及金钱的话题还是比较敏感的，也是比较难以把握好度的，因此，无论家庭教育，还是学校教育，我们在财商培养方面的教育引导工作，其实是缺位的，至少是做得还不够到位。特别是当班级里发生这样的事件之后，我在思考：对金钱的观念，驾驭金钱的能力，运用和创造金钱的能力，等等话题，此时跟孩子们谈一谈，也许正当时。

　　于是，与家委会对接和联动后，我们在班级里开展了如下活动：

　　1. "垃圾也有价值"活动

　　结合学校组织开展的垃圾分类系列活动，我们在班级一角设立了"可回收物箱"，将废旧纸张、塑料等进行收集，全班以组为单位轮值，在学校勤杂工阿姨的帮助下，卖给废纸收购人员。我们约定了，将收益金额用于班级公共读物的添置。

　　这样一张纸一个纸板盒零碎至极又日复一日地收集整理，大量的工作之后，换回来的却只是十几至多几十块钱，孩子们纷纷表示"挣钱不容易"的同时，内心多多少少也滋养了能省则省的理性消费观。

2. "爱心义卖"活动

以家中闲置玩具、学具、书籍等为商品，以小组为单位，自置摊位、自创宣传语、自主招揽生意，开展爱心义卖活动。义卖所得款额，用于暑假为清洁工送清凉活动的款项，或亲子敬老院义工服务时的水果、鲜花等礼品购置。

通过这样的活动，我希望让孩子们明白：舍得把钱花在自己身上，这是本能。舍得把钱花在他人身上，这是一种更为高级的金钱观，也是一个人在人际沟通中懂得"利他"的大格局。

3. "小鬼当家"活动

在家长的陪同下，开展"小鬼当家"体验活动。以最高不超过100元为限定，规划全家一天正餐的安排，并担任"马大嫂"角色，具体包括从买菜、洗菜、做菜到收拾干净厨房。

孩子们尤其喜欢此活动。在体验劳动带给家人幸福的同时，也纷纷发出了"挣钱不易"的慨叹。

有个娃娃在体验作文里这样写道：

> 我想用买菜剩余的钱给自己买个心仪已久的小发卡，可是妹妹吵着要吃小蛋糕。妈妈说可以由她给妹妹买蛋糕。可是老师规定不能超100元啊！妈妈花的钱，也要算到这100元里头的。
>
> 我到底该怎么办啊？发卡是我所爱，妹妹也是我所爱。我真是太纠结了，内心好像两个小人在打架。
>
> ……
>
> 当我把小蛋糕递到妹妹手上时，她笑得像个洋娃娃一样可爱。看着她笑得那么开心，我更加确信，我的选择是正确的！

我在批语中这样回复她："先人后己，成人达己！为你的大气和你如此高级的金钱观，点赞！"

这个事故过去已经几个月了，我不知道孩子们会不会再提起这件事。但我期盼着，多年后，如果他们再回忆起此事时，内心无关恐惧，没有怨怼，只有"不经一事，不长一智"和"童年真美好"的慨叹，还有经此事或深或浅形成的，关于如何看待金钱的积极观念。

我也期盼着，一点点一滴滴地，把学生童年里遭遇的每一场事故，都变成滋润心灵滋养成长的故事。这样的教育，就是我一直所期待一直所努力的方向。

关于"忘带"那点事儿

一早进教室时,我发现坐在第一排的小朱一直低垂着头,似乎有意避开我的眼光。这娃娃一向爱笑,今天这是怎么了?

到课前朗读开始了,看到小朱把脑袋凑到了同桌那里,我走近她想看个究竟,却迎来了她怯生生的一句:"老师,我忘带语文书了!"

我想了一下,没有批评她。

语文课上到后半段,开始做作业,我在教室里晃圈,逐一纠正孩子的读写姿势。刚走到小诺边上,他就抬起头看着我,一脸愁容:"老师,我忘带作文本了!"

臭小子!怪不得从来上课发言上蹿下跳的他,今天却像个闷葫芦,原来如此啊!我想了一下,也没有批评他。

看看她,再看看他,我又想了一下,然后,在语文课的最后 5 分钟,和孩子们就"忘带"事件进行了一场对话——

首先,我给孩子们讲了前段时间发生在我自己身上的两件"糗事":一件是我忘记把带到家赶工的试卷带回学校了,不得不利用中午休息时间赶回家拿;另一件是我在家备完课,忘记把语文书带到学校,只能上课时满教室晃,到处蹭课本讲课。

孩子们听得捧腹大笑。显然,他们之前一定想象不出来,看着还蛮沉稳从容的孙老师,居然也有这么马大哈这么糗态百出的时候。

我问他们:"这种忘带东西的马大哈行为,你有过吗?"在我的率先自我暴露后,这群娃娃简直了,一个比一个"勇敢",纷纷举手承认。

我一数,好家伙,居然有三十多只小手高高举起。

我故作严肃地顺势引导："看来这是个问题！究竟是我带坏了你们，还是你们传染给我了？"

孩子们一脸蒙，不知道该如何作答。

我笑着建议："一起犯的错，一起承担。我们一起来想办法解决这个问题吧！各个四人小组立刻行动起来。"

几分钟后，集体智慧闪闪发光——

有的小组建议晚上完成作业后检查一次书包，确认有无遗漏物品，早上出门前再检查一次，以确保万无一失；有小组建议利用便利贴提醒自己；有小组分享了自己开闹钟作为提醒的妙招；还有小组建议前一晚就把要带出门的东西都放在家门口醒目处……

我边夸赞他们的生活智慧，边将他们的建议一一写到黑板上，并邀请他们和我一起大声朗读一遍。然后，我又问："那万一还是忘记了呢？我们又该如何解决眼前的问题？"

依旧是先小组头脑风暴然后集体分享，可讨论的结果却是——没结果！他们表示，不知道该怎么办："老师，你帮我们出出主意吧！"

我既忧虑又高兴。忧虑的是，被当作小公主小王子宠着养的孩子，应对生活问题的能力居然这样弱。高兴的是，这节语文课的最后5分钟，太值了！

我在黑板上写下"借力"两个字，然后对他们说："对啦！自己解决不了的问题，找值得你信任的，又能帮到你的人。这叫'借力'！这也是一种生活智慧哦！"

然后再引导他们参与进问题的解决过程："我语文书没带，可不可以让我老公送来？"

他们若有所思，然后摇头的多数，并告诉我："你老公应该也要上班吧？"我立刻肯定他们的想法："所以，以后万一忘记带东西了，最好不要让家人送，因为他们也很忙，因为不是他们的错。"

我又假设："那么，我可不可以和你们合看？就像你们同桌合看一样？"

他们说可是可以，就是不方便。

"那我需要语文书，我自己又没有，还可以怎么'借力'？"我把重音放在"自己"和"借力"上。

终于有孩子想到了——可以跟别人借，跟其他不是语文课的班级借。

我再次逐一将解决策略写在黑板上，邀请他们读一读。

"问题发生前，预防和避免问题，是一种智慧；一旦问题发生后，如何巧妙地分析并运用合理的方法解决问题，更是一种智慧。"我总结道。

孩子们若有所思，拼命点头，有的孩子还拿起笔在语文书上记录着什么。

回味这场即兴发挥的师生对话，脑海里盘旋着几个观点，梳理下来。

遭遇问题：多一点"儿童视角"，少一点"想当然"

毫无疑问，相比纷繁复杂的班级管理工作而言，"忘带事件"真是鸡毛蒜皮般的小事。所以之前，我总以为，轻描淡写提醒一句点到即止，或者干脆冷处理，给孩子自我反思自我纠偏的机会，孩子们总能引以为戒知错就改。

然而现实却很骨感：显然，我把问题想得过于简单了。我的孩子们已经六年级了，却还在隔三岔五上演着忘带的一幕，主角不仅仅是后进生，也有中等生和学优生。

而理想和现实之间产生如此遥远的距离，很大程度上来自我对自身教育能力的高估：很多时候，我总会习惯以"想当然"的视角去看待学生的成长——这个知识点我讲过几遍了啊，你应该掌握才对啊！这件事我已经强调过很多次了啊，你怎么还在违规啊？甚至有的时候，还把这样的话拿出来训斥学生，追问上一句"还要我重复讲多少遍，你们才懂"？！

当然，我这样的问题，学生是无法作答的。因为他们自己也不知道，为什么自己屡错屡不改，虽然很多时候，他们内心也很想做个知错能改的好孩子。

那么，问题究竟出在哪里呢？

答案其实很复杂，涉及的面很广。但细想，又很简单——因为他们还只是个孩子。

孩子与成年人之间的差距，何止知识累积、人生阅历、思维方式的差异，还有理解力、自控力、判断力，以及分析问题和解决问题的能力等等，太多太多方面。他们还只处在人生的起步阶段，而我们却常常在拿自己成年人的行事准则去衡量孩子的行为，然后在遭遇孩子的各种问题行为时，总是觉得匪夷所思甚至不可理喻。

就像"忘带事件"中的我，想当然地以为学生懂得如何妥善处理此种情况，却忽略了自己也曾在忘带教本后满教室"蹭书看"。不得不说，我这样的"双重标准"，有点像个笑话。

所以，今天我特地拿出语文课的时间，和孩子对话这个太寻常太琐碎的小问题，并且认认真真地记录下来，其实更想借此提醒自己：当遭遇孩子的问题行为时，不要想当然地仅凭主观臆断和以往经验去看待学生。想要教育有效，就应先多一点儿童视角，多一些教育者的专业分析思考和专业化的教育引导。

应对事件：在问题行为中实现师生共同成长

很喜欢一句话，叫："问题行为就是最好的成长契机。"

以前总觉得，这句话是写给学生的。教育就是把自然人变成社会人、文化人的过程。学生就是在犯错中成长的。

所以，正如上文所述，在"忘带事件"发生的伊始，我也曾进行过多种形式的教育，并期待着学生的成长，然而效果却是不尽如人意的。

为什么"问题行为"并没有成为"学生成长的契机"呢？

因为说教。

我有时居高临下地指责，顺带上对孩子"责任感"的质疑；有时不厌其烦地讲解"带齐东西的重要性"，却不去探究学生忘带行为背后真正的诱因究竟是什么；有时又厉声呵斥，忽略了当众受训的孩子内心会如何难堪与抗拒。

而这种简单粗暴的说教所带来的副作用是——即便道理再正确，只要学生情感上不接受我，心门不向我敞开，再多再好的说教，最终也都只会成为耳旁风。

所以，我想我该重新解读本部分开头那句话——学生的问题行为，应该是学生和教师共同的最好的成长契机。

特别是，当那种教育方法总也不管用的时候，我应该而且必须立刻开始追问的，不是学生为什么听不进我的话，而是我的教育方法是否有问题。

所以，才有了上文故事中我以学生最喜欢的幽默方式导入话题，并且引导孩子运用自己的力量，借助同伴的智慧，一起来解决问题。我在努力给孩子们创设安全的心理氛围，努力尝试借此事件让孩子们明白：犯错是成长的必经事件，不必害怕，也不用逃避，而应积极面对。因为我会陪在他们身边，和他们一起经历错误，一起尝试解决问题，一起收获生活的智慧。

一边引导着他们，我一边宽慰着自己：好在我反思了自己，好在我调整了教育行为，好在为时不晚！

再回望整件事，自己也想笑，这件事，真是件小事啊。在学生的成长历程中，在我个人的成长经历中，都太微不足道了。但是我依然执拗地去做，谦卑地去反思，并且认认真真来书写记录。

因为我始终相信：我们坚持在做着的一件事情，很多时候未必能有立竿见影的效果。但我们依然会坚持去做，因为我们坚信，这样做是对的。

培养孩子自我肯定的能力

周五的课上，我和孩子们玩了一个小游戏：给每个孩子下发了一张练习纸，上面有两个题目，一是请他们罗列出本周自己最值得点赞的五件事，二是请他们点赞本周最值得竖大拇指的五位同学。

我为何会突发奇想整这样一出呢？这还得从之前的几件事说起——

事件一：语文课，默写《过故人庄》——

默写前，我以玩笑的口吻给孩子们打气："以大家目前的学习状态来看，我预测，今天至少能有 20 位同学得满分（全班 45 人）。预感自己能满分的，请举手！"

只寥寥几只手举了起来。

默完批好一数，36 人满分。我故作神秘："你们猜，几人满分？"他们七嘴八舌，给出的最大值是二十多。

我再次鼓劲："预感是全对的请举手！"

稀稀拉拉举起几只来，还有更多孩子连忙去翻书校对，再不置可否看着我，却并不举手。依然只有十几只小手。

当我宣布"36"这个数值时，他们一片哗然。还有个孩子一边乐一边喊"那么我也有可能是满分喽！"引来一片哄笑。

事件二：语文课，师生互动环节——

学习第一课《草原》，我提问：老舍先生是从哪两个部分来向我们介绍草原的？

这个问题，其实在语文课堂作业本上有，孩子们课前已经进行了自主学习，并进行了自主作答。更直白一点说，这个问题的交流互动，孩子们只需要把他们之前的答案读出来即可。

　　但是，问题抛出之后，只有2个孩子举手。而更多的孩子，则连忙把头低下，以避免与我的目光对视。即便是那几个堪称语文学霸的孩子，也只是盯着书或作业本，却没有举手来分享他们已经白纸黑字写了下来的思维成果。

　　尽管我已经N+1次强调"你的参与比你的答案更重要"，但依然冷场。

　　是的，这两件事单独拿出来看，似乎毫无关联，且其背后的原因各自复杂。特别是第二件事情里，冷场的背后，不能忽略六年级的孩子越来越不喜欢在公开场合表现自我的心理特点，也不能忽略开学伊始孩子们可能还没有完全从假期模式中走出来的客观现实。

　　但若把两件事情放一起看，再加上之前一年相处中常常遇到的诸如"稍有难度的学习任务便有畏难情绪的不在少数""课堂上积极发言的寥寥无几""集体活动敢于承担组织策划任务的总是固定在少数几人"等等现象，我的内心有了一种猜测。为了验证这种猜测，我萌生了和孩子们玩个小游戏的想法，也就有了本文开头的一幕。

　　再回到游戏中继续往下说。两个点赞题，我给孩子们的作答时间是10分钟。

　　然而，10分钟过去了，我兜了一圈后发现，大部分孩子的自我点赞部分是空白状态，而点赞同学部分倒是已写得满满当当。只有极个别孩子，先答完了自我点赞部分，正思考或作答他人部分。

　　原计划半节课完成的游戏，只能"拖课"了。

　　再给了5分钟之后，我示意大家停笔，并做了统计，结果如下：

　　15分钟内，能写出自己5条优点的，全班只有6人，而完成给5位同学点赞的，有18人；只能写出自己1条或0条优点的，共有17人，而只完成给 1 位或 0 位同学点赞的，只有 2 人。

这组呈鲜明对比的数据验证了我的猜测，我班孩子们的自我评价能力普遍较弱。换句话说，绝大部分孩子，是不自信的。

虽然，对于农村的孩子和农村的班级而言，这种现象其实很普遍。对于正处在自我意识发展期的六年级孩子来说，不能准确评价自我也是正常的表现。

但，有两个关键点也是我所不能忽视的：

其一是，孩子的自我评价能力是可以通过系统训练进行培养的。也就是说，如果进行有意识的引导培养，农村的孩子其实也可以像城里孩子一样敢于表达自我，乐于表现自我，能比较积极地看待自我的。

其二是，孩子的自我评价能力受生命中重要他人的影响，诸如家人、老师、同学伙伴等对其的态度和评价，都将影响并左右孩子自我评价能力的形成和发展。

这么思考的时候，觉得这几件小事中引发的话题，其实是个大话题。而作为教师的我，之前失职的地方，不少；今后为此需要做的事情，很多。不过，就这节课而言，当务之急，我先得利用好这份练习纸。

给自己点赞，悦纳自我

我咧开嘴乐呵地提议："孩子们，刚才我们静静地用文字欣赏了闪闪发光的自己，这是一件多么幸福的事情啊！现在要请你大声把你的幸福分享出来。这样的分享，能让你的幸福和自信都加倍哦！"

可是，尽管我眉飞色舞地不断鼓励他们，现场却依然只是我一个人的独角戏。抬眼望去，只偶尔几双眼睛看向我。更多的孩子，则全都埋着头，眼睛盯着鼻尖，鼻子不喘大气，一副"千万别叫到我"的表情。

那就只能按从前避免冷场的方法——抽签。

被抽到的一个个上台，或表情凝重，或满面羞涩，或轻声细语到像在喃喃自语。当着众人们自我夸赞，倒也的确是件挺不好意思的事情。那么，我该如何让孩子们相信自己真的如自己所夸赞的那般美好呢？

我给台下的吃瓜群众加戏份："每位同学自我点赞后，孩子们要立刻给予反馈。"如何反馈？我又邀请班长上台，和我配合做示范。

只听班长轻声细语地读着写给自己的点赞词："我今天认真及时完成了作业，还帮同桌辅导数学题目。"

我看向孩子："听清老师是怎样给班长反馈的哦——小王，你今天认真及时完成了作业，还帮同桌辅导数学题目。你真棒！老师给你点赞！"当我说完这些，孩子们乐了，班长也乐了，只见她羞涩又开心地笑着。

我也笑了，故意学着他们的话语体系说："知道怎样做好'吃瓜群众'了吗？你们的反馈，对分享者来说，是比'加鸡腿'还要快乐的快乐哦！"

"知——道——了——"吃瓜群众一下子热情高涨了起来。

就这样，之前的惊吓变成了眼前的惊喜，让一个个上台的孩子脸上有了光。

给同学点赞，温暖他人

在自我点赞玩嗨了之后，游戏的火爆程度又升级啦！

"刚才是给自己吹'彩虹屁'，都乐歪了吧！现在该轮到让你的好兄弟好闺蜜享受一下'彩虹屁'的威力了！"

从发展心理学的角度讲，青少年可能持有这样的信念，即其他人像自己那样关注他们。他们认为其他人，特别是同伴一直在关注他们、评价他们，并且对于他们的想法和行为都很感兴趣。

因此，当我刚说完上文那些话，孩子们就哄笑起来。再看他们的脸上，早已写满了期待，他们那样热烈地渴望着能从同学的赞扬声中刷足存在感。而我也那样热烈地渴望着借由同伴的力量刷爆他们的自信心。

这一次，没等我邀请，好多孩子就主动举手，想要把赞美的话语送给同学。

我邀请了刚才连自己一条优点都没列举出来的小文上台，首先请他公布获赞同学姓名，再请获赞同学一一上台。然后，小文读一句写给同学的评价语，全班孩子学着自我点赞时的反馈方式，立刻跟进热情高声地重复夸赞。

孩子们送给同学的用词不乏搞怪，也一次次迎来欢声笑语。

同桌互赞，点亮彼此

不知不觉中，一节课就这样过去了。下课铃响起时，大家还意犹未尽。

我问孩子们此刻的感受。很多孩子表示，从来不知道，自己在别人眼中原来这么好。

这正是我想通过活动引领孩子们发现的真谛。这些话，经由他们的参与体验而产生，远比我的说教珍贵百倍。此刻我又何须多言？

不过，我也发现了，有几个孩子，整节课下来并没有被点赞到，脸上多少有失落的表情。于是我布置了课后作业：寻找同桌身上的五个闪光点，用具体事例说明，要真诚真实。下周一交流。

孩子们满怀期待地笑着，七嘴八舌地又交流起来。我在他们的叽叽喳喳声中走出了教室。

在回办公室的路上，我的脑海里反反复复盘旋着几句话——一个低自我价值的人，他是不可能自发自觉积极进取的。一个不悦纳自我的人，他是没有能量去温暖别人的。这个命题，必须成为我关注和思考的焦点。因为这个命题，指向孩子一生。

掀起"恐怖小说"的盖头来

前几天才得知,班里部分孩子最近疯迷一套叫《十宗罪》的书。我对这本书一无所知,便立刻上网做功课。这一查,也吓了一跳。原来,这是一部集恐怖、血腥、暴力于一体的,被网友评价为"场面变态到恶心""毁三观"的书。再一调查发现,此书的"脑残粉"中,绝大部分居然还是课外阅读方面比较后进的孩子。

尽管是不良读物,但好歹也做了一回"书迷"啊。我不由自主地替这群娃娃开脱着。也怪我,之前只跟他们聊过"拼音读物"和"漫画"的问题,却从来没有预想过孩子们会被恐怖小说吸引,只能说自己的教育目光还是太短视了。

现在问题已经摆在眼前了,该用什么方式来教育引导他们呢?对于恐怖小说,讲真,我自己是知之甚少的。在自己积淀不足的情况下,我不敢贸然开始这个话题,便又去搜集了大量资料。先自己融会贯通了,才能有教育的底气。

在自觉已准备比较充分之后,我利用语文课,给孩子们上了一节题为"掀起'恐怖小说'的盖头来"的微班会。

以同理心,包容接纳

首先,我表扬了孩子们最近阅读的积极性很高,然后抛出了话题:"听说最近部分同学追一部叫《十宗罪》的书。我去百度了一下,才知道是部恐怖小说,而且比较血腥和暴力。"我的话锋突转,直击要害,让那几位"脑残粉"瞬间神情高度紧张。

看到他们忐忑不安的样子，我话锋又一转，带着笑继续说："我理解这些同学，看这样的书一定很刺激，可能会让比较平淡的学习生活多点不一样的味道。年轻人都爱追求新鲜刺激，我小时候也这样，我很理解的！所以，我跟大家聊这个话题，并没有想批评谁的意思。我们纯粹只是一场朋友间的对话，并不是非要你们必须接受我的观点。我们平等对话，我欢迎拍砖。"

我故意语气轻松，是希望他们卸下思想包袱，在心理上由提防对立模式，切换到接纳同频模式。唯有如此，我后面的教育引导才有可能走进他们的内心。

旁征博引，科学解释

如何让孩子意识到阅读恐怖小说的危害呢？我不是权威，但我可以搬出权威的观点。

我边打开PPT边说："其实，为了和你们聊这个话题，我去百度查了很多资料。然后，我被其中一些内容惊到了。分享给你们。"

> 心理学家认为，尽管看恐怖书籍或恐怖片能通过视觉刺激产生快感，以满足人们的猎奇心理，从而达到愉悦身心等。但其正面的影响仅占20%左右，甚至低于20%，而负面的影响则占80%以上。
>
> 心理学家在对美国150名大学生的一项专题调查中发现，85%的受访者承认在看恐怖书籍或电影的当晚难以入睡，其中有1/5的人还表示一连好几个月的睡眠质量都受到了影响；76%的受访者透露，看恐怖片后自己的情绪和行为都出现了异常。

我不说话，看着他们边阅读边窃窃私语。待他们读得差不多了，我追问："你有类似的经历吗？"好几个孩子频频点头。有孩子说"上次看了一部恐怖片，从此晚上不敢一个人上厕所"，班里一片笑声。

我继续呈现下一段文字：

> 从医学角度看，恐怖影片、书籍会使人受强烈刺激，这种刺激传入人的大脑，使人体的心率增快、呼吸加速、血管收缩、血压上升；另外，还可导致人体内的一种叫儿茶酚胺的物质分泌增多，容易引起严重的心律失常。
>
> 恐怖影片、书籍对青少年心理上的负面影响更为突出，有的甚至产生严重的行为障碍。我国医学有"大怖生狂"之说，即过度的恐怖会使人发狂，神志错乱。青少年的身心未发育成熟，对某些事情分不清真假，很容易被影片描写的情节所迷惑、所误导。

读着这段文字，很多孩子嘴里不住发出惊讶声，特别是那几位"脑残粉"。

我担心过分强调恐怖书籍的负面影响，真的吓到孩子们，便立刻以玩笑的口吻说道："当然，我知道我们班的同学还没有到痴迷的地步，所以目前还不会有如此巨大的副作用。但是，如果继续读下去，老母亲我还是很担心的！《十宗罪》有毒，且读且三思啊！"

自我暴露，借事说理

反思自己，之所以孩子们会选择阅读这样的书籍，跟我之前缺乏有效引导有很大关系。借由此事，跟进一下课外读物选择的话题，为时未晚。

"走过的路，读过的书，遇见过的人，就是你的人生。"我把这句借用来的话呈现在了大屏幕上。然后给孩子们讲了我早年的一段糗事。

大意是，自己多年前曾疯狂追韩剧，在看多了各路又暖又帅又多金的韩国"欧巴"后，回到现实生活中，再看自家那位又直男又颜值平平且收入平平的"欧巴"，就是各种不满意，然后各种郁闷各种找茬，甚至各种吵架。

学生爆笑。我问："你们笑什么？"

小家伙们纷纷批评我："你把电视当作生活了。""你追剧成瘾了，跟我妈一样！我觉得这样不好！""电视剧都是假的啦！"……

我故作深沉："你们太犀利！一针见血点出了我的问题，现实虚拟，傻傻分不清。你们很善良，没说出那最关键的一点——毕竟我也没韩剧女主角那么漂亮那么优雅那么有才华呀！"学生再次捧腹。

我接着讲我的故事：所以后来，我很少再看韩剧。我怕自己在韩剧的虚幻世界里沉迷久了，回到现实生活中反而找不回真实的自己！毕竟，人是最容易受环境影响的动物。

游戏体验，加深认同

自己故事的讲述，只是让孩子们明白了，对自己不利的读物和影视剧，最好规避。那么，究竟该如何选择读物呢？我想给孩子植入一个观念："合适的，才是最好的。"

为了让这个观念被孩子们认同，我决定和孩子们玩一个小游戏："下面我们玩个小游戏，需要一位同学来配合我。"孩子们一听游戏，激动极了，纷纷举手。

我邀请了帅气的小诺，然后把他请到了教室外面。一番准备之后，让他在外等候。

然后我走进教室宣布："来，见证奇迹的时刻到了，掌声欢迎小诺闪亮登场！"

在孩子们的翘首以盼中，穿着我的女式外套的小诺扭扭捏捏地走到了讲台前。

全班再一次爆笑，不少孩子笑得直拍桌子。

我问："你们笑什么？""他穿你的外套！"

"我的衣服不好看吗？""好看！""咱们小诺不帅气吗？""帅气！"

"那你们笑什么?""不搭!""不配!""男生怎么穿女人衣服!"……

我点头道:"原来如此!衣服是好衣服,人是好人,只是不合适,所以就会闹笑话!那么,我们再去想想,《十宗罪》这本书真的十恶不赦吗?我又为什么不赞成你们看这类书呢?"

学生恍然大悟:"我们还小,不适合看这类书!"

"有道理!合适的,才是最好的。就像我更适合阅读的,不是言情小说,而是教育类书籍一样。因为教育类书籍能让我变成一个更好的老师,而言情小说和韩剧只会把我变成一个怨妇!"

孩子们又笑了,估计他们又想起了我那个自黑的故事,或者是刚才小诺穿女装的一幕。

而这正是我想要的。在孩子的成长过程中,很多正向观念的植入,其实都离不开具有仪式感和画面感的教育过程。但凡那些经历越深刻的,情感冲击越强烈的,由此产生的观念也会越持久,甚至贯穿一生。我无比期待这样的教育效果。

就这样,我以"微班会"的形式,和孩子们聊完了这个话题。回顾这节微班会,虽然我煞费苦心,也在竭力避免简单说教,但我依然不敢确信,这样的引导会有真正多大的效果。

所以,当我梳理下这些文字的时候,同时也在反思自己的阅读课程推进过程中存在的问题。可以毫不夸张地讲,如果我的阅读课程做得再落地一点,再扎实一点,再有吸引力一点,孩子们的眼睛又怎么会被那些不良读物吸引呢?

也所以,我认认真真地记录下这些文字,以此自勉:不要怕教育的问题层出不穷,不妨乐呵呵地将孩子们的每一次问题行为,看成师生彼此的成长契机,既在其中发现孩子的潜在生长点,也发现自身的教育短板。相信不断学习积累,不断反思总结,不断彼此扶持,无论学生也好,教师也罢,都总能一步步越走越坚实的吧。

挥别"毒友谊"

班干部来跟我汇报，听同学在传言：小霞近日两次共给了小静150块钱。班干部问起此事，小霞说是小静跟她要的。小静矢口否认。班干部见事情严重，便找到了我。

我立刻叫来两人再问话。而此刻，两人口径已出奇地一致，都表示：50元是小霞跟小静买笔和本子的，但小静给了笔和本子，没收钱；100元是小霞体育课训练时伤到了小静，故主动提出赔偿的，小静也没收钱。

尽管我明示暗示地告诉她们，只管说真话，老师不会怪她们中任何一个，只是希望帮助她们一起解决问题。但无论我如何宽慰她们，二人都不肯再多说一个字。

上课铃声又响起了。我想着不能轻易影响孩子课务，便让两个女孩子先回教室。

望着两个女孩子离去的背影，我一边自我宽慰莫急莫急，小孩子毕竟是成长中的个体，出现各种各样的问题都是正常的，一边脑海里飞速地分析着：

小霞，本地孩子，给人憨憨的感觉，身高已超160，体重已超140。学习后进，分数在及格线徘徊，在班级中不太有存在感，基本没有孩子跟她玩，除了小静。

小静，小霞的邻桌，新居民子女。父母离异，爸爸跑长途运输，常年不在家。她随奶奶和哥哥生活。这孩子成绩优异，为人热情，做事认真，在班级里有一定的威信，人缘也较好。

从内心来讲，我是不太愿意相信小静真的拿了钱。但职业的敏感又告诉我，这件事情肯定没那么简单。

坐在办公桌边，我拿出笔记本，一步步思考，一点点记录，在本子上预演着下一步的教育策略。在梳理了大概思路后，我开始了对此事的正式干预。

对话小霞："小透明"孩子的委曲求全

我首先把小霞请到了一个僻静的角落。

我：听说你的150块钱丢了，你一定很着急吧？换作我，我也着急的！

霞：不是丢的，是被小静拿走了！

我：被小静拿走的？那你一定很心疼吧？

霞：50块钱是我求爷爷给我的。100是我从妈妈那里偷偷拿的。

我：爷爷多爱你啊，一给就50啊！老人家的50块钱来得可不容易哦！

霞低头沉默，眼圈红了。

我：100居然是妈妈那里偷偷拿的，要是妈妈知道了，该多伤心啊！

霞：我也不想的啊。可是小静说50块钱买她那些文具根本不够，要我再拿100。我不想失去她这个朋友，只能照办。然后小静教我怎么撒谎，我也只能照她说的做了。

我：看来你很重视这份友情，是吗？所以小静这样跟你要钱，你心里特别委屈是吗？

霞不说话，默默流泪。

我：你不要着急，老师会去找小静谈。不过你要答应老师，咱不在班级里和其他同学谈这件事，我们一起保护好你和小静的友情，好吗？

小霞点头，默默地离开了。

小霞点头，拖着沉重的脚步离开了办公室。

反复回忆小霞的话和她说话时的神情，我陷入了沉思：像小霞这样的孩子，其实几乎每个班级都有，他们因受学业、个性、外在形象等因素影响，在班级里是既不被喜欢，也不被讨厌的存在。他们不会惹麻烦，也不会被关注，几乎被忽略。用"小透明"来形容这样的孩子再贴切不过。

但随着年龄的增长，内心对友谊、对被认可和欣赏的需求越来越强烈，有的孩子就会为了不被同伴排斥，不惜委曲求全，事事小心讨好。

我又突然记起了小静曾在口语交际课中感恩小霞帮她倒了一年多的饭盒，不禁既心疼又着急：我该如何引导这个弱势的孩子寻找到一段健康的友谊，从中得到真正的滋养和力量呢？

第一次对话小静：动之以情，促动反思

很显然，小静编了谎。

抛开教师的身份，其实我是带着情绪的。毕竟她这样的行为，从严格意义上来说，已经属于校园欺凌事件。但站在师者的专业角度去看这件事，我的内心满是理解和同情。

这个从小与奶奶哥哥孤苦相伴度日的孩子，尽管父母健在，但母亲早已远走他乡，父亲也只在逢年过节才能见到。如此家境中成长起来的孩子，在班级里却阳光、自信、努力，已是极其不易。在人际交往中忽视或者漠视了边界感，也真的不能怪罪到孩子的头上。要怪，或许只能怪她的父母在教育和陪伴上的双双缺席，而年迈的奶奶、尚未成年的哥哥，根本就没有这样的教育意识。从另一个方面来讲，物质条件匮乏的家庭中成长起来的孩子，对于金钱的敏感度，往往强过被富养的孩子。所以啊，与其说小静这孩子可气，不如说她可怜。

那么，我又该如何与小静对话呢？如果我直接问她是怎么回事，她一

定不会承认。这个早当家的孩子，有着超越同龄人的成熟，或许她早已准备好了如何应对我。为了既不伤及她的自尊，又让她深刻地意识到问题的严重性，我决定走非常规路线。

我把小静也请到了无人处。

  我：我发现小霞很喜欢你，有你这个朋友，她在学校里快乐多了。

  静：我看她蛮孤独的，正好又离得近，能帮她的时候，我就主动帮一帮她。

  我：所以，她很信任你，甚至有点依赖你。

  静：老师你是想说150块钱的事吗？我以人格担保好吗？我真没拿。100块现在就在她兜里。50块钱我也不知道去哪里了。但真跟我没关系。

  我：我没有想问你这件事。我只是想亲口告诉你，我一直特别信任你，也特别喜欢你。

  静：老师，我知道的。

  我：但我也一样喜欢小霞。而且，从某种程度上来说，我会更偏心她一点，因为她是班级里最弱势的孩子。除了你，她没有朋友。

  静：我知道她很重视我们之间的友情。

  我：其实我小的时候也跟小霞差不多，因为成绩差，没朋友。为了讨好同学，我偷拿了爸爸的钱请同学吃冰激凌，因此还挨了一顿暴揍。

  静：沉默不语。

  我：我也相信你明白她有多在乎你。你回去再好好想想。有什么需要跟我沟通的，随时找我。

我想着，她需要时间来慢慢消化我的话，也渐渐厘清这里的利害关系。我唯一要做的，就是给她时间经历内心的挣扎与反省，这段时间，将是她最好的自我教育契机。而我，只需静心等待。

第二次对话小静：背负着问题前行，还是在问题中成长？

下午的语文课，学新课。我一边上课一边留意观察着。小静听讲的表情超越往日的认真。这份认真里，透着一种故意而为之的别扭。

小组讨论环节。我站在讲台前继续关注着这两个孩子。小静、小霞正同组互动。小霞脸色凝重，小静则故作轻松姿态，与同学交流甚欢。她偶尔抬头与我眼神对接，立刻又挪开。

从教近20年，孩子的微表情里传递出来的信息，多多少少我还是看得懂一点的。静故作轻松的神情和躲避的眼神，让我更加确认自己的预判是正确的。

下课后，我留在教室里批作业，依然不时抬头看看她。但她不再看向我，也没有如我期待地走向我。

或许是我的期待过于美好。我本是预想她能经历内心惊涛骇浪后，悔不当初，主动来找我坦诚事实。但我忽略了一点：趋利避害是人的本性，面对紧急情况和压力，孩子们的第一反应往往是对抗或逃跑。她一定已主观预想了结局：事情败露，老师失望，同学嘲笑，家长暴怒。所以，越意识到了问题的严重性，她就越没有足够的心理能量支撑着她主动来到我的面前。

晚托课开始了，她似乎很投入地做着作业，有时也回应一下小霞的求助。

看着这两个孩子，我的内心很复杂。原本是多么美好的画面啊，一个自带高光的女孩子，毫无功利心地，牵着一个"小透明"女生，一起往前走。这份友情，无论于静而言，还是于霞而言，都是如此珍贵的成长礼物啊！我一定要让这份友情重新纯粹起来！

于是，我再次把小静请到了无人处。

我：你知道这大半天，我有多心疼你吗？我是从小一路闯祸长大的孩子，所以我特别能理解今天你的内心有多纠结惶恐。但我要告诉你，你担心的那些事情绝对不会发生！我找你的目的也不是想揭露你惩罚你！而是想帮助你。

静：老师我真的什么也没做。

我：我也可以就此作罢，但如此一来，你就会以为自己有瞒天过海的本事，那就很有可能会再次做这样的傻事！你那么善良那么可爱，就算你想犯傻，我也坚决不同意！

静：老师，我没有做。

我：我是你的老师，你做错了事，我也有责任。所以如果50块钱已经花了，你也不用担心，我会替你赔给小霞。只要你下次不再这样犯傻就行了。

小静终于绷不住了，她泪流满面地告诉我，事实的确如小霞所说。她已归还100块，但50块花掉了一部分。之所以不肯承认，是害怕事情败露伤了老师和家长的心，毁了自己在老师和家长心目中的美好形象，所以打算抵死不认。她还说，今天自己的内心已经被折磨了大半天了，如此利用小霞对她的感情，她自责不已。她求我一定不要告诉家长，也不能让同学们知道。

我答应了她。同时，我还跟她强调了两点：第一，我可以为她做好保密工作，但前提是，这种傻事只此一次，下不为例。第二，不用担心这件事情会影响我对她的看法，只要知错而改之，她就依然是我和同学们最欣赏的班级"暖心姐姐"。

然后，我将事先打印好的一大沓有关"校园欺凌"和"如何经营友情"的文稿拿给她，建议她回家好好读一读。我想这一步工作是至关重要的。心理学里有一种疗法叫阅读疗法，即通过阅读获得心理成长的能量。小静这个孩子，在此之前一定不知道她这样的做法其实已经属于"校园欺凌"范畴，或许也没有人跟她聊过如何经营友情的话题。这缺失的法治教育课和人际关系课，此时补上，为时不晚。

三方对话：挥别"毒友谊"，共营新成长

在送走小静后，我不断思考着：到了小学高段，从某种程度上来说，友情对于孩子的重要性和影响力，甚至超越亲情：那些得到健康友谊的孩子，会有安全感和自信心，会成长得比较顺遂。但也有像小霞那样的孩子，因为自身的弱势，而无法获得真正的友谊，甚至得到了"毒友谊"——在"友谊"的外衣下，被欺负、被排挤、被伤害，甚至被霸凌。这样的"友谊"，不仅不能让孩子体会到友情的美好，反而会让"同伴效应"对孩子产生负面和消极的影响，会让孩子自卑、伤心、难过，甚至被带入歧途。这样的例子，网上太多了。这事我必须再跟进，帮两个孩子厘清友谊真正的概念。

临近放学，我以拿作业本为由，把两人一起请到了我的办公室。

我：小静你为小霞做了那么多事。这些默默付出，真是千金难买的。小霞你说是吗？

霞拼命点头，静羞涩起来。

我：小静你也一定看清了，小霞有多在乎和你的这份友情！为了你，不惜冒着挨揍的风险！真正两肋插刀的情分啊！

霞不好意思起来，轮到静拼命点头。

我：好了，你们之间的问题，解决了吗？

两人笑着点头。

我：那么，你们打算给我多少钱？我为这件事可伤了太多脑细胞了！

两人愣住了，一时不知如何回答。

我：傻妞！逗你们呢！人和人之间的情分，怎能用金钱衡量和换取！我介入你们之间的事情，是因为我把你们当成好朋友，我们既是

师生情,也是闺蜜情。这一谈钱,不就变成一场交易了吗?那你们之间呢?

两人:闺蜜情!

我:闺蜜之间的事情我就不参与了!你们自己去商量,那50块钱怎么解决。如果有需要,只管找我,我不仅可以提供技术支持,还可以提供经济支持!

两个孩子相视而笑,牵起了彼此的手,一脸轻松地离开了我的办公室。

望着两个孩子远去的背景,我又想:下一步,我该如何让小静的"利他"行为在集体中被放大,将她助人时的功利心升华为精神上的愉悦感,也帮助她尽快从这件事的心理阴影中走出来。另一方面,我也要对小霞进行点对点的精准辅导,帮助她找到自己的优势能量,由此唤醒她主动成长的动力。所谓"打铁还需自身硬",也所谓"你若盛开,清风自来",唯有让孩子真正强大自我,才能真正帮助她从"讨好型"人格中破壳而出,获得真正健康美好的友谊。

同时,我也需要准备一下,给全班孩子补上有关"友谊"的一课,引导孩子们去思考:什么才是真正健康的友谊?如何获得真正健康的友谊?怎样经营好友谊?我想,这个问题或许是很多家庭教育中缺失的一课,学校教育及时补位,就是身为师者应尽的义务。

罚你也商量

半个多月前的某一天，我动用了教师的"惩戒权"，狠狠惩罚了一个女生。因为她着实已让我忍无可忍。

她叫小智，人如其名，可机灵着呢！她经常性不完成作业，但她一点都不着急：反正尽管她每晚回家主业是玩手机，但单元检测依然可以轻轻松松考到中上的分数；反正尽管作业没完成，也可以第二天到校补作业；反正老师除了批评教育她几句，也没拿她怎么样。所以，她急啥啊！

家长也不急，一则单亲带娃的小智爸爸自己还像个没长大的孩子，夜出昼归，日夜颠倒着玩乐，连自己都管不好；二则反正孩子不完成作业成绩也不差。所以，他急啥啊！

但我急啊！我急着反思自己：是我布置的作业量太多了吗？向学生了解了每天语文书面作业时间，被告知基本不会超过半小时。

我又自问作业内容：是我在作业布置上不够科学不够趣味吗？

这一点我还是敢保证的：尽管有时难免布置抄写，但最多只要求抄写两遍。大部分家庭作业都以中高阶思维训练为主，绝不会有简单粗暴的机械重复。

然后我开始担忧：再这样容忍她的后果是什么？

的确，就眼前的单元检测卷分数来看，因她的阅读题总能做得很不错，且又无习作，所以即便基础不扎实，但整体分数还不难看。但一到期中期末的综合性试卷，漏洞百出的知识结构加上她内心的焦躁与惶恐，导致她只能勉强及格。长此以往，再好的料也要荒废了啊！

我还担忧：当犯错成本太低，小智已习惯将敷衍了事变成学习常态，那么她勤奋与努力等积极品质的培养又将从何谈起？

更令我着急的是，她如此公然不完成作业却成绩还算过得去，老师还拿她没办法的现状，对其他孩子又将造成怎样的负面影响？

若再不狠狠管她，感觉自己仁慈有余、敬业不足了。

思虑再三，我把困惑抛给了全班同学："最近我发现班级里不完成作业的情况时有发生，我让他们第二天及时补好，这个办法并不好。我的纵容，让有些同学干脆把'家庭作业'变成了'在校补作业'，一则养成了坏习惯，二则也影响第二天的正常学习生活。你们有更好的办法来解决这个问题吗？"

七嘴八舌之后，自然聊到了"惩罚"这个话题。然后，在分组讨论和集体汇总之后，我们定下了"不完成作业，第二天到老师身边翻倍补做"的作业公约。

于是，也就有了我"惩戒"小智这一幕——

午间自习时间，其他孩子自由阅读，而小智呢，搬了把椅子坐到了我的身边，把上一晚落下的抄写作业补了两遍。

完成之后，她拿给我批。

我首先表扬她字写得很漂亮。我理解她当时的情绪，羞愧，一定也带着怒气。她一定没想到我真会"下狠手"，如此不给她面子，把她带到了讲台边"示众"。我得先安抚一下她的情绪，把她的情感拉到与我同一频道，如此沟通才能有效进行。

她沉默无语。我也不多说什么，只给她两个方案供她选择：

"你看，你可以选择漂漂亮亮地完成家庭作业，既得到表扬，又被同学羡慕，而且还能扎实掌握知识。当然，你也可以选择第二天坐到我边上翻倍补，既心里难受，又面子上难堪，关键成绩永远差口气。你会怎么选？"

第二天，毫无悬念，她自然是完成了作业的。只是没坚持几天，她又故技重施了。不过，这也在我的意料中。冰冻三尺非一日之寒，反复是正常的。但是，她反复，我却坚持了下来，但凡不做，双倍补做，在我身边，没得半点商量。

就这样反复了多次之后，她基本都能完成作业了，虽然有时把字写得龙飞凤舞。

今天我批第六单元检测卷的时候，她的分数很高。我兴冲冲地梳理了她之前的单元成绩，分析了她扣分的点，然后把她叫到身边，将对比图拿给她看。我跟她开玩笑："这个好成绩，可是我罚出来的哦！一半功劳归我！下个单元，如果不用我罚你了，还考那么高，就是你牛气了！"她的眼里都是笑。

以她这次的得分，按照惯例，她将担任下一阶段的课代表。我第一时间给她家长发去了信息，感谢家长的付出，肯定孩子的努力，也期待孩子的未来。而在这之前，我并没有因为孩子不完成作业而联系过家长。我想，与其在孩子陷入困境时去找同样无计可施的家长告状，不如在孩子取得进步时去给家长报喜，经营好孩子的希望，也经营好家长的希望。

当我记录这个故事的时候，有几个点引发了我的思考：

教育：温度与硬度，一个都不能少

其实，我很少为学习的事情惩戒学生。

一则，舍不得。我深知师生关系对于学生学业成绩的重要性。如何让学生喜欢上我，如何让学生喜欢上语文学习，是我最花功夫的活儿，又怎能轻易用"惩罚"的方式将孩子硬生生从我身边推开？所以，学生偶有不完成作业，我便总轻描淡写地以"及时补好，下次注意"处理之，甚至连板起脸的动作都轻易不会做。

二则，不必要。学生在学习上真正犯的错误，也大都是因为不懂不会，极少因为不愿。哪个孩子不想做好孩子啊！而凡是孩子做不到的事，他是没有错的，因此，也就不值得我去上纲上线进行惩罚。

但上文中的小智，不罚行吗？仅凭我个人专业能力来讲，说理、感化，但凡我能想到的温和的教育方式，我都曾尝试过，但统统失败。这孩子曾在我发信息提醒她及时完成作业时，回复了我一句"我觉得做作业太累了"，然后再无下文，并且第二天果真没有完成作业。

我不禁自问：我的脉脉温情，究竟是爱还是害？

于大部分学生而言，我的宽容的确赢得了他们的信任和喜爱。但真的是没有百试百灵的教育方法的。在小智身上，我的这份"温情"，这种不完成作业后只要求"补好"的低成本惩戒，非但无益于她的成长，反而变成了她摸准我底线后的有恃无恐。如此看来，我这样的宽容，已经有点"助纣为虐"了！

学生会犯错，动机往往是想从错误中获得某种好处或快感。是啊，当其他同学在吭哧吭哧埋头苦干的时候，她却可以轻轻松松吃着零食看着电视，并且在检测的时候依然能取得中等甚至偏上的分数。不用在家完成作业的轻松和轻易可以超越他人的快感，让她对不完成作业的行为甘之如饴。即便第二天要补作业，她也觉得没什么可丢脸的。

我甚至有一种怀疑，这个单亲家庭的孩子，是不是会通过在我身边补作业的行为，来弥补在亲情中缺失的关注。哪怕这只是她的潜意识行为。

无论真正的诱因是什么，教育的核心是长善，也是救失。如果学生明知却屡屡故犯，师长依然持宽容态度，坐等"感化"，有时等来的，恰恰可能是"恶化"。小智这一事件，便是证明。

所以，即便在当今"教育惩戒"作为敏感词存在的话语体系下，小智的事件，终于让我意识到了教育者的适度强硬是必不可少的。

教育惩戒=共同的正义=精神上的影响力

其实，在这之前，我也是采用了一定程度的惩戒的，但为什么杀鸡不儆猴呢？反思之后，我发现：

首先，自己之前的惩罚太过轻描淡写，如不完成作业总是只要求补好，却少有进一步的惩戒。其次，我即便有惩罚，其内容也随意性太强，有时是补做两遍,有时又换成某个章节抄写一下。总之一天一个样,天天新花样。再次,我的惩戒真正跟进的力度是不够的,常常说了"傍晚没完成的留下来补做",结果一到傍晚就菩萨心肠泛滥,于是,一天又一天中,我又任由没完成的孩子准时放学了。

　　细细分析不难发现,并非我犯懒不愿意跟学生一究到底,而是这种我单方面制定的随意性极强的惩戒方式,连我自己内心也并非完全认同,甚至常常怀疑自己这样的惩罚方式是否合理?

　　而我如此行为带来的后果是,学生要么觉得我只是"纸老虎",要么看清了我只会"说一套做一套"。总之,他们敬我,却不畏我。

　　从自然法的解释来看,当人们完全按照自己的意愿互相交换时,这时人与人之间是最公正的,对社会来说也是有益的。把这一理念迁移到班级管理中,同样适用。想要让教育惩戒真正发挥作用,最理想的,是惩戒的内容来自学生以自己的意愿为前提的,通过彼此交换思想所形成的"达成共识的正义"。

　　所以这一次,我把问题摆在了学生面前,劳师动众地组织全班讨论决议惩戒的内容,邀请每一个孩子发声,利用集体智慧,共同制定惩戒公约。这样的目的,就是希望能让作业方面的教育惩戒,成为学生集体的心理契约式的稳定"法律"。

　　而当全体学生都清楚明白并认可,犯了错之后要承担怎样的后果,且这种后果不是低成本的,而是有一定力度的,今后再犯错前,便会或多或少地思虑一番,权衡一下利弊。

　　换言之,教育惩戒的真正目的,不是惩戒本身,而是经由惩戒对学生产生一种精神上的影响力,即学生一想要犯错,立刻就联想到惩戒所带来的损伤和痛苦,从而遏制内心犯错的冲动。

　　再后来的连续一段时间内,我每次布置作业,都会坏笑着带上一句:"明天想陪我的,今晚别做作业哦!"而学生们也跟着咔咔咔地笑,然后摇头摇手如拨浪鼓。我的反复强调,其实是在反复公示和反复强化,形成一种精神上的影响力,即让学生在打算不完成作业时,脑海里立刻就想到

"不完成作业，第二天到老师身边翻倍补做"这一惩戒内容，联想到小智坐在我身边痛苦补两遍的情形，内心产生"我可不想遭那份罪"的想法，从而自发约束自己的行为。

教育惩戒的终极目标是引领成长

当我反复去考量我煞费苦心引领学生共同制定的惩罚公约时，我想起了自己从前的惩罚方式：

不完成作业，罚到办公室反省；上课不专心听讲，罚留校反思；与同学吵闹打架，罚打扫卫生……凡此种种，随性而为，不一而足。表面上看，效果自然是有的。而如今回头望，却是汗颜的。

教育惩戒是手段与目的的结合，只有符合教育目的的惩罚方式才是教育惩戒。诚如18世纪瑞士法学家瓦泰勒所说："能够使每个人恪守本分的，不是刑罚的残暴，而是执行刑罚的准确性。"换言之，学生在某个方面犯错，恰巧说明其在这个方面有待教育引导，需要教师的帮助。而如我从前为惩罚而实施的惩罚，从某种程度上来说，除发泄了教师的情绪，制止了学生当下的行为，就学生的长远发展来看，其实只是治标不治本的措施。即便有效，也只是学生因害怕而暂时不敢就范，但其深层次存在的问题很可能没有得到解决。

就拿学生不完成作业来说，可能是因为学生习惯不好，即"懒惰"；可能是因为学生能力不及，即不会做；也有可能是因为与教师情绪对立……总之，原因一定是多方面的。而用"站在办公室里反省几分钟"的办法，非但对提升学生学习力毫无益处，而且如此惩罚得多了，反而会起到"负强化"的作用。教育现实中，被很多老师称为"烂泥扶不上墙"的孩子，很多就是如我这般无教育价值惩罚的后遗症。

因此，实施教育惩戒，前提是了解、明晰学生产生问题行为的根源，然后再针对这个根源去发力，实施适度而不乏温情的教育影响，用种庄稼的方式来清除杂草。

所以，在针对小智的犯懒时，我以翻倍的作业量惩罚之，一则帮她巩固基础；二则以强硬手段逼她进入"被勤奋"状态，获得学习成绩的飞速提升，从而引领她真正体会到"勤奋"之后收获的成长快乐；三则，留她在我身边补做，也是想满足她潜意识中被关注的需求。

文及此，我不禁自问：那么，接下来如仍有学生不完成作业，统统翻倍罚做吗？

细想之后，我自答道：无规矩不成方圆。既成公约，自然是要罚的。至于罚什么，视情况而定！而且，惩罚之前，我一定会听听孩子的申辩，搞清楚他犯错的原因。

若力所能及而犯懒，惩罚是必不可少的，具体内容可由学生自定，经由惩罚锻炼出一颗承担责任的心，未尝不是一种教育引领；若力不能及而放弃，畏难退缩也该罚，具体内容我来定，不会什么补什么，既是惩罚也是补课，经由犯错获得成长，未尝不是一种鼓励；但若因我的作业内容无趣、不合理而不完成，那就要罚我自己好好反省了。

写下这篇文章的心情，既忐忑又兴奋。在赏识教育大行其道的很长一段时间内，教育惩戒曾被认为是非人道、反教育、落后教育方式的代名词。即便在教育生态已有所好转的当下，一边是教师内心的职业良知，一边是维权意识越来越强的家长群体，另一边还有各路媒体高举着的摄像头和放大镜，在"夹缝中"生存的教师，面对锦衣玉食、温言软语相伴中成长起来的"熊孩子""小霸王"们，究竟罚不罚？又该如何罚？依然是教育者职业生涯中不能承受之重。"一着不慎满盘皆输"的比喻，也许犀利，却很贴切。

师者，传道授业解惑也。"传道"排在"授业"之前，可见古人的智慧，也可见教育的真谛。教师挑起"传道"重担，在学生出现行为偏差时，科学理性地使用"教育惩戒权"，能管，愿管，敢管，会管，使教育温和而坚定地发挥育人效果，呵护学生身心健康成长，这是师者的本分，更应是师者的权力。

这本分，当尽则尽；这权力，当用则用。

"纸条"风波

六年级家长会后,小迪的妈妈待到家长们一一散去,才犹犹豫豫地将一张纸条递给我。只见纸条上一行娟秀的字迹:"如果我和你妈妈一同掉进水里,你会先救谁?"

我立刻乐了。这是谁家娃娃给出的世纪难题啊?

小迪妈妈告诉我,纸条是隔壁班的小婷写给小迪的。小婷与小迪同村,来自单亲家庭。两个孩子私下联系已经有一段时间了,主要是周末利用QQ聊聊天。一开始家长也没当回事,但看到这张纸条的时候,家长意识到孩子可能在"早恋"了,便找到我求助。

小迪,一米七的个子,帅气的脸庞,温和的个性,乍一看的确挺讨人喜欢的样子。但真正接触下来,却让人着实喜欢不起来——智商不低,但勤奋不足;平日作业拖拉甚至拖欠,学业成绩平平,三番五次引导教育也收效甚微。因此,不但科任老师们均对他评价不高,连同学们好像也对他没有什么特别良好的评价。

看看满面愁容的小迪妈妈,回忆起小迪曾在日记里跟我倾诉:爸爸妈妈晚上总出去搓麻将,深更半夜才回家……我一下子明白了很多——

"05后"的孩子,是被环境和食品催熟的一代。小学高段孩子与异性交往过密,也已屡见不鲜。但细细分析小迪的学习和生活状态,我意识到,催熟"青苹果"的,除开生理因素,更不可忽视的是心理上和情感上的因素:

对于正在成长中的孩子,父母师长和同龄人的认同影响,太重要了!特别是身体已经发育到一米七的小迪,内心觉得自己已然是男子汉了,想被认可想做"英雄"是男孩子的本能。但小迪在爸爸妈妈那里得不到足够的温暖，在老师眼里得不到想要的认可，在同学眼里也只是个路人甲。这个时候，隔壁班的小婷不断向他示好，又正值青春懵懂，对异性充满好奇的年龄，小迪怎能不为所动？他是在她的眼睛里看见了自己的价值啊！

如此一分析，我脸上的笑容凝固了——该怪孩子吗？也许该怪我们这群大人吧！欠孩子的那些，得及时补上啊！

指导家庭教育，弥补亲情缺位

从小迪的情况来看，家庭教育的跟进是首要任务。

1. 稳定家长情绪，达成教育共识

我安慰小迪妈妈不必着急，同时建议家长务必要站在"过来人"的立场去理解孩子，毕竟我们也曾经历过这样的懵懂多情岁月，只不过现在的孩子情窦初开得比我们当年早了一点而已；要用"平常心"去看待，进入青春期的少男少女，对异性产生好奇、欣赏和渴慕，这是一件很自然很正常的事情。

我跟小迪妈妈讲了"禁果效应"，从心理学的角度引导她去理性思考：如果家长过度紧张、重视，强加阻拦，一味斥责，只会把孩子往外推。惊慌失措的两个孩子无所可依，越发觉得彼此同病相怜惺惺相惜，结果很有可能将目前"只是好感，并非爱情"的美好插曲，演变成双方家长与两个孩子之间的一场战争。

2. 指导亲子沟通，转移情绪目标

有专家研究得出结论："爱"的缺失是"早恋"的诱因之一，问题家庭的学生出现"早恋"的几率相对更高一些。小婷来自单亲离异家庭，而小迪的父母习惯于业余时间出门搓麻将。两个大把大把的家庭时间只能独自一个人度过的孩子，内心的孤独无处倾诉，汹涌的情感无处寄托，心灵空缺了一个角，渴望一个欣赏自己懂得自己的人来填补，也是再正常不过的事情。所以，与其说两个孩子是荷尔蒙分泌所致的彼此吸引，莫如说，这是两颗孤独心灵的彼此报团取暖吧！

我跟小迪妈妈分析了亲子关系在这件事情上的重要作用，建议他们调整自己的休闲娱乐模式，把教育引导小迪作为当下主业，多一点时间陪伴孩子，用家庭的温暖把孩子的心拉回来：平时晚上要过问孩子的学习，按老师要求及时给孩子的作业签字，多鼓励少批评；周末原本两个孩子网上聊天的时间，用来给孩子报个他喜欢的运动类兴趣班，帮助孩子转移注意力，发泄掉多余精力；周末不妨安排短途旅游，让小迪在亲子活动中感受亲情的温暖，在运动和看世界的过程中走向更广阔的天地，遇见更有趣更出色的人，体验更精彩更绚丽的人生。

借力班级活动，拥抱全新自我

如何在心灵的旷野上去除杂草？种上庄稼！而庄稼的种子，不止在家庭，也在学校。

1. 借力科任教师，在学习中找到优势能量

我打算首先从小迪的学业成绩入手，帮助他获得存在感和价值观。纵观其各门功课，除了体育，唯有数学是他还算擅长的学科。我便找到数学老师，跟他大倒苦水，求他帮帮我，帮助小迪首先在数学学科上找到自信。数学老师是个特别直性子的人，立刻一口答应，并拍着胸脯说："一定竭尽全力把这小子的潜能激发出来！"

教育孩子永远不是班主任一个人的事。很多时候，巧妙向科任教师示弱、借力，能收获对方无尽的智慧和力量，合力达成教育目的。

果然，经数学老师一段时间的突击强化，小迪的数学成绩进步神速，最终还加入了奥数社团。看着他课余常和其他几位社团成员一起探讨着奥数题，我心里暗暗得意：臭小子，这回你下课没工夫等着隔壁班的女生走

过你的窗前了吧!

2. 借力体育运动,在汗水中释放激情

哪怕陷入了懵懵懂懂的感情中,男生和女生也会有各自不同的表现。一般女生心思细腻,情感丰富,会比较容易深陷其中;而男生则多半大大咧咧,特别是如果课余时间充实而快乐,他们就很容易在嘻嘻哈哈中忘记了那个"她"的存在。

小迪酷爱篮球,而且技术也还可以,我便推荐他加入校篮球队训练。他高兴极了,每天早晚两次,认认真真参加训练,获得了教练的赞许和队友的认可。我也高兴啊,一个举手之劳的推荐动作,能让他在篮球场上证明自己,释放荷尔蒙分泌过盛带来的青春激情,同时更能收获快乐和自信,一举多得!

3. 借力团体活动,在互动中淡化神秘感

关于好感这件事,目前我们班浮出水面的,是小迪一人,那么在这水面以下不为我知的呢?看看这群十一二岁的小帅哥小美女们,我的心不由得突突起来。

处理小迪一人,我已煞费苦心,若真来上三五对,我可是招架不住的!堵不如疏啊!教育要走在发展的前面啊!想起了李希贵校长曾说的:当没有公开男孩女孩交流的平台时,他们就会转入"地下"了,一旦转入"地下"了,就难以管理了。那如果我索性官方出面,为班里这些正处于或即将处于青春懵懂期的男孩女孩创造一个公开交流的平台,小迪,以及其他孩子对于异性的那份蠢蠢欲动,是不是也就会淡化一些呢?

校运动会的"跳长绳""拔河"和"迎面接力"三个集体项目的选拔和训练工作,我索性放权给孩子们自己完成,唯一的要求,男女各组,需要彼此助力;出黑板报,我忍痛解散了我的"黄金助手团",进行调整重组,男女生自由组队;班会课上,我也开始刻意安排很多男女生协作完成的体验式活动……

比赛成绩可以暂时不考虑，活动效果可以暂时不计，只要保证一条：让每个孩子在活动中有尽可能多的机会，和班上每一位异性都进行接触，且确保搭档的流动性，杜绝固定搭配。跟那一张张奖状相比，这些活动过程中的男女生的群体交往更让我倾注希望——

积极向上的群体交往氛围，有利于培养异性交往的能力，有助于学生掌握异性交往的原则、方法。同时，可以让孩子更好地认识自己的价值，提升自我评价能力。

当然，还有很重要的一点，就是我以一个过来人的心路历程深深明白一点：越是开放坦白地让孩子与其他异性多接触，就越能帮孩子打破对"恋爱"和异性的好奇心。人性本就如此，所谓"求之不得，寤寐思服"。而一旦可以朝夕相对，往往距离也能让虚幻的"美感"磨灭，当熟悉消灭了新鲜感，便觉"不过如此"。

现在回头去看，从严格意义上来说，这不算一次成功的教育。因为隔壁班的小婷，我最终只是跟她的班主任轻描淡写地沟通了一下。包括对小迪，我也始终没有将这个话题摆到桌面上来谈过。而且，虽然小迪数学学科进步很大，但其他几科成绩，依然不温不火。直到小学毕业，他的总成绩依然仅居班级中游。但看着他成天笑嘻嘻忙于各类社团活动的身影，听他妈妈说小迪很少再碰手机了，也再没见过孩子的"纸条"，我的心里，也有了一些安慰。

我和学生聊"先难后易"

托管服务时间,孩子们继续作业。我边批作业边时不时抬头观察他们的自主作业情况。大部分同学在埋头奋笔做着练习卷。但也有小部分孩子捧着课外书,正津津有味。

这本也没什么,此刻是自主作业时间。一天的紧张学习之后,读上几页课外书,放松一下,也是正常且惬意的事情。更何况,每个孩子都有他自己的节奏。我也本就不该轻易打乱孩子们的作业节奏。

但问题就在于,那些看课外书的孩子,恰恰是学业上较落后的孩子。其中有好几个娃,还是家长常常反映回家作业战线"绵绵无绝期"的主。

我也曾就此现象在班里多次强调过,如怎样向高效率同学学习合理安排作业,如何"先紧后松",如何"先难后易"之类,可是这样的说教显然效果并不咋地。

当教育现场自己力不能及之时,试着把问题抛还给学生,从学生处借得力量,也许一样能另辟蹊径,把问题很漂亮地解决。当然,这只是理想化的状态,至于成不成,试试再说咯。

先难,还是先易?

想到此,我便示意孩子们停笔:"我们来聊个五毛钱的天。请大家把今晚的回家作业试着按难易程度排个队。"

孩子们不知道我这葫芦里又卖的什么药。但游戏式的活动是他们最喜欢的,立刻就稀里哗啦各自忙开了。

只一会儿工夫，大部分孩子举起了手。我请了几位孩子分享。

不出我所料，男生几乎都把语文放在第一难，而女生多半选择了数学，还有一小部分选择的是科学。

我又让孩子们举起刚才正在做的作业内容。定睛看过去，和我之前大略观察的很接近，基本上越是学科成绩好的孩子，越选择难度大的作业先做。而相对学习力弱一点的孩子，首先选择的也是难度相对低一点的。也就是说，其实我之前就这一问题的引导，在学优生身上，其实还是起了一定效果的。但对于中等和后进的孩子来说，的确我是白忙活了一场。

我又请了几个娃来分享"为什么选择先做最难的一项"。

小忆把英语放在第一位，他说感觉难的先做完，心里头就轻松了；小轩选择先做语文练习题，她说习题中的句子练习她有点怕，此刻有同学在身边，不懂就可以请教；小卢正忙着做数学，他的理由是，和小组里的同学相互合作，一起攻克难题，就感觉解决难题是很好玩的事情。

我笑了。和上回我的口若悬河头头是道比，显然这几个娃娃的讲解稚嫩多了。但从听众的反应上来看，今天言简意赅的娃娃们秒杀了当时长篇大论的我。

要不怎么说，到了青春期，同伴的教育影响力便会渐渐超越师长呢，有时不服输也不行啊！

我一边作老母亲的欣慰状，一边继续思考着：到了这一步，孩子们很可能仅仅只在观念上认同了先难后易的好处。但真的会运用到自己的作业实践中吗？答案是"悬"！如果仅仅口头说教几遍就管用，那就是低估了教育的难度。唯有让孩子进一步内化这一观念，才有可能真正外化于行动中。我还得再点一把火啊！

为什么"先难后易"

于是我给孩子们布置了一个好玩的"手机作业"：上网查资料，追根求源一下——作业"先难后易"的好处有哪些？为什么"先难后易"的安排更有利于学习?

被严格手机管控的娃娃们最喜欢我布置"手机作业",一个个乐不可支。

第二天上午第一节是语文课,忙着讲解试卷,我并没有提及上一日的话题。下课铃声刚响起,小梓和伟豪就凑到我跟前:"老师,你还没跟我们聊昨天的手机作业呢!"

我原本是想这事留到下午聊,也好给他们时间课间相互交流一下,看样子他们已经迫不及待了。那就聊起吧。

"下课时间,继续聊个五毛钱的天?"我开了腔。孩子们哗一片乐开了。他们很喜欢我跟他们扯各种话题。

于是我请查到信息的同学来交流。可是没人举手。孩子们在下面七嘴八舌地说,查到了很多,不知道从哪里说起。我说:"那就想说啥说啥。反正这事本就没有标准答案啊。"

小博举手了,他跟伙伴们分享了"先难后易"的好处——先挑难的做,可以让自己越做越轻松;小涵则从另一个角度进行了分析——如果先做简单的,剩下的都是难的,就会心里一直很紧张,觉得留下的全是困难。

我把他们两个的观点进行了整合,将"先难后易——越做越轻松"几个字板书在了黑板上。这是我跟孩子们主题对话时最喜欢也最常用的方法,关键词梳理、板书,帮助孩子们加深印象,形成概念。

小杰也分享了收获——先难后易有助于提升自己的自信心,因为敢于挑战难题,就觉得作业其实也没那么难。

我引导着孩子们尝试进行概括,得出了第二条好处——"越做越自信"。

孩子们都把注意力聚焦在好处上,我请大家关注到"好处"的背后,即为什么会产生这些好处。可是孩子们都沉默了。显然,这个问题对于六年级的他们来说,真的有点深奥了。

于是我在黑板上写下了"惰性"二字。我告诉孩子们:"惰性是人的天性。学习其实是反人性的行为，因为要跟自己的惰性做斗争。所以很多人会选择先做简单的事情，把难的留到后面。所以，一边在与惰性做斗争，一边在与难题做斗争，你说累不累？"

孩子们笑了。

我换了个角度："听说过'多巴胺'吗？"

小博立刻又举手："我昨晚查资料的时候查到了，攻克难题的时候人的大脑是会分泌'多巴胺'的。"

我补充："'多巴胺'也叫快乐素。就像小博所说的，当你战胜难题时，是不是很有一种说不清的快乐感？"

孩子们又笑了。他们大概是回忆起了曾经某个很有成就感的瞬间。

我接着小博的话题往下继续："战胜难题时人的大脑会分泌'多巴胺'也叫'快乐素'。但与此同时，对于新知识新事物的好奇心也是人的天性。'好奇心'+'快乐素'，就是双份的快乐！这就是学霸们为什么先做难一点的作业，却越做越开心的心理学原理了！"

他们睁大了眼睛，似乎在倾听着一个以前从未接触过的世界，眼神里有星星点点。

我见状，先在黑板上写下"普瑞玛法则"，然后看向孩子们："昨天有没有查到这个词？"孩子们纷纷摇头。我拿出了手机，百度搜索了该内容，然后把手机递给小李，又清了清嗓子，模拟播音员的口吻："现在是知识播报时间，有请小李为大家科普'普瑞玛法则'。"

小李羞涩地看看我，然后开始朗读："先处理困难的事情，再处理不那么困难的事情，这样做不仅能提升工作能力，而且能提高效率，最关键的是，同时人们也会越来越意识到，自己有力量来完成任何事情。"

部分孩子听得眼里闪着光，当然也有些孩子似懂非懂状。这也是正常的，哪怕没听懂，至少也接触到了"普瑞玛法则"这个词，时间会让他们慢慢理解消化的。我积极地自我暗示着。

实战"先难后易"

"把作业由难到易排队,我们是可以做到的。但如果手头还有除作业以外的好多件事情呢?独自在家需要自我管理的你,又该如何安排呢?"我想继续向孩子们借力,索性一鼓作气把"自主作业安排"这个问题讲透彻,于是又抛出了新的问题。

"现在请你们先来帮帮我吧。比如,等离开教室后,我有这几件事情需要处理:看新买的书,批作业,把我们的对话整理成文章,给我妈妈打个电话约一下端午节的活动安排。你们觉得,我该如何处理,才能既高效又轻松地完成这些事呢?小组合作讨论一下。"

只一会儿工夫,各个角落都有手举起来了,答案五花八门,但无一例外地把"批作业"放在了第一项。我笑他们"知道自己在老师心中的分量"。他们也笑。

"那余下三件事,究竟如何安排更妥当呢?"我边问,边在黑板上画出了四象限图,引导他们试着一起把事件区分成"重要"和"不重要","紧急"和"不紧急"。

利用四象限图,孩子们很快发现:"批作业"毫无疑问是我当前"重要且紧急"的任务,因为后面还有课。他们认为"写文章"相比"批作业",可以看成是"紧急但不重要"的事件,说是怕我时间长了忘记事情细节,因此排第二位。"重要但不紧急"的象限里,他们放进了"看书"和"打电话"两项,他们觉得在完成了"紧急"事件之后,也需要适当放松休息,所以这两项无关先后,让我自由安排。

我笑着听。其实单就这一问题,本就没有标准答案,重要的是他们参与并安排着我的人生时的快乐体验,其实就是很好的体验式教育。此刻他们理性地安排着我的生活,说不定稍后就有好多孩子,会将这一技术迁移运用到自己的生活中。

在离开教室前，我感谢他们帮我分清了手头事情的轻重缓急，让我不至于手忙脚乱。同时我告诉他们："不管白猫黑猫，抓得住老鼠就是好猫。不管哪一种作业安排、时间管理方法，只要能让你轻松高效完成任务的，就是好方法。今天我们所交流的，只是公认的相对高效的方法，供你参考。我知道我们班的同学都热爱学习，所以我也相信你一定会根据自身情况，科学安排，合理选择，帮助自己更加轻松高效而快乐地享受学习。"

尽我所能，但不唯我独尊；带领孩子看见自身成长更多的可能性，但不规定他必须按照其中某一种方式向上。这是我一直努力想呵护的教育弹性。

所以回到办公室后，我并未按照孩子给我的思路先去批作业，而是立刻开始用文字复盘这件事。因为对于我来说，如何实现真正的"教育性陪伴"，让我与他们相处的每一个时光中，都再多一些教育的敏感性和智慧性，是比试卷上那些分数更"重要且紧急"的事情。

我们一起来"转念"
——被学生气跑之后

周一的早晨,我是带着很强烈的消极情绪进入教室的。尽管我已经事先不断自我暗示,但依然没有办法完全调整好自己。因为我远在嘉兴的奶奶已在弥留之际。本打算请假去陪伴她走过人生最后的时光,但又怕耽误学生课务,在纠结又纠结之后,我还是决定先赶到学校给学生上好课,再赶去嘉兴陪奶奶。

走进教室准备第一节课的时候,教室里乱哄哄的。当然,这是课间,吵闹很正常。翻开学生的作业本时,又看见好多孩子的字写得七歪八扭。当然,周末作业难免比平时质量差一点,也很正常。

我提醒孩子们拿出周末做的第一单元复习资料,打算校对:"同桌合作校对,自我检视一下。小小的单元复习之后,单元检测也在朝我们招手了!"我故作玩笑,想给自己和孩子制造点欢乐感。

没想到,我此话一出,却引来满教室的炸锅:

"又要考试!"

"哎!"

"心累啊!"

……

再看看他们,几乎全是苦大仇深的表情。

我明显感觉自己心跳加速了,内心有一股火苗噌噌噌往上蹿,再回想刚才课间的吵闹和一团糟的周末作业,我的情绪还是没稳住:

"那这样吧!既然你们有情绪,我给你们时间调整情绪!这节课就改成自习。今天我本来就是要请假去陪我奶奶的,我奶奶已经快不行了。大家看书吧!"说完这些,我头也不回地走出了教室,眼泪也在那一瞬间夺眶而出。

我跟搭班老师说明了情况,请她帮忙代课,就直奔奶奶家。

一路上,内心依然气鼓鼓的,气这群熊孩子的不懂事不体谅人,气自己总是太惯着他们,都不舍得轻易训他们一句,才宠得他们越来越任性张扬,更气自己在今天这种时刻居然还会选择先来上课,否则也就不会受这个气!

到了奶奶家,妈妈直问我:"这样不上班跑出来要不要紧?学生的课不教要不要紧?"她担心学校领导和家长有意见,本就愁云密布的脸色更加难看了。

我连忙宽慰她:"上班、学生是重要,但你换个角度想,落下的课可以补,现在如果不陪奶奶,以后还有机会补吗?"

她紧锁的眉头终于舒展了一些,也不再怪我什么了。

坐在奶奶的病榻前,我回忆着自己刚才跟妈妈所说的话,不由得想到:

同是"该不该放下学生来陪奶奶"的问题,当我和妈妈看问题的角度不同,产生的想法就截然不同,由此产生的心境也有了天壤之别。

那么,"学生把我气跑"事件呢?是不是我也可以换个角度看问题?真的是娃娃们不爱学习吗?还是我的理解角度和处理方式本就有问题呢?

所以,当第二天我再次跨进教室门后,就和孩子们开展了一场有关"转念"的对话。

"首先跟大家说声对不起,周一时我对你们态度不好。"我很诚恳地跟孩子们道歉,搞得他们一脸的神情紧张。

我又接着说:"当时,我把你们对于考试的唉声叹气理解成了不爱学习,所以我觉得很生气。我后来反思自己,其实应该是我没有跟你们聊过'该如何看待考试'这个话题,所以导致你们对'单元检测'有误解。这样一想，我就有点内疚了。

"你们看，同是'单元检测'事件，我看事件的角度不同，带来的想法也就完全不同了。所以我觉得吧，凡事都要往积极的方面想，对不对？"

学生若有所思地点点头。我顺势往下引：

"那就让我们一起来聊聊'单元检测'这个话题，往坏了想，当然是各种心累各种害怕。但是，如果你尝试'转念'，往检测的积极意义上想呢？你觉得还可以怎么看待检测？"

一阵沉默之后，有孩子陆续举手了。

有的孩子说："检测是一个小结，帮助我们回顾一下已经学过的知识。"我点头表示认同，并用粉笔在黑板上写下："1. 小结回顾，梳理知识"。

有孩子发言："我觉得检测是为了让我们知道自己的优点，哪些地方掌握得很好。"我补充道："对的，不仅仅知道自己哪些地方掌握得好，而且可以归纳出哪些学习方法值得保持并发扬。这样，越检测，你就越能发现自己原来不知不觉中掌握了这么多知识、拥有了这么多方法，从而体验到学习的快乐！多好的事情呀！"同时记录下板书："2. 发掘长处、积累自信"。

又有学生举一反三地概括出了检测的第三个作用："3. 查找不足，及时补漏"。

见不再有学生举手，我告诉他们："其实，单元检测不仅仅检测你们，也是对我的检测。我需要通过你们的答题，来知道我哪些知识点教到位了，哪些环节处理得不好，然后我就要去思考该如何调整。你看，如果没有你们参与检测，我的教学就会失去方向。你们的功劳多大呀！"说着，我又板书了第四点："4. 及时调整，越学（教）越好"。

见学生看着板书，脸上露出了欢乐的表情，我又不失时机地补上一句：

"你们看，很多时候，问题就摆在那里，不卑不亢，不悲不喜。至于这个问题能把你带上天堂，还是拖下地狱，就看你选择什么角度看问题了。"

其实，有关检测的积极理解还有很多，但我没有再深入展开。因为我已从孩子们的表情中读到，他们成功完成了对"单元检测"的转念，我的话题也就此打住了。

因为我想着，教育这件事吧，有时就如往墙上钉钉子，大锤重力，往往会既砸绷了墙面，也敲歪了钉子。有关"遇事学会转念"这项技能，不仅仅是孩子们需要慢慢练习，我这个教育者更需要好好修炼——

在遇到教育事件时，不简单以"管理者"的身份批评、呵斥、评判，而是以"教育者"的身份，秉持专业的教育眼光和理性的育人思维，凡事从积极的角度看待学生的问题，从问题中寻找到教育的生长点。最好不过的是，在教育引导过程中，既促进学生的成长，也带动教育者自身的反思和成长，实现师生的共生共长，真正都成为更好的自己。

第四辑

给每一个孩子都颁奖

在这间自由生长的教室里：

一样有很多不完美小孩——也许学业成绩不太理想，也许行为习惯有待改进，又或者是身体羸弱，是家境贫寒……

但是，这又有什么关系呢？这间教室里的老师，一样是不完美老师啊。

因为懂得，所以目光温和，眼神慈悲。也所以，这里的每一个孩子都被看见，每一种童年都被偏爱，每一个生命都被颁奖。

师生一场，成为彼此的光

三枝被吃掉的玫瑰花

教师节那天，在全班同学蜂拥而上，用一枝枝塑料花一张张小卡片将我团团围住时，梓君挤过人群，站到我的面前，"呶"的一声，很豪气地递给了我三枝粉色的玫瑰。

我打趣他："梓君，你知道送三枝玫瑰代表什么意思吗？代表'我爱你'！谢谢你哦，孙老师也爱梓君！"

孩子们都笑了起来。梓君听得开心，也咧开嘴乐了起来，还示意我往他嘴里看。

我一瞅，好家伙，满嘴的花瓣！怪不得那三枝玫瑰怎么蔫了吧唧的样子，原来好多花瓣已经被他吃进肚子里了！

我正哭笑不得，他又递过来了三张贺卡。

我这才明白，这三枝玫瑰，应该是梓君家长替他准备了送给语数英科的三位任课老师的（数学老师兼任科学）。

我连忙告诉他，应该把其中两份礼物送给另外两位老师。他却脸一板："不送！就送你！全给你！"

我一时不知如何是好，眼瞅着开会时间也快到了，且花儿真的已经可以惨不忍睹来形容了，便跟他重复了几次谢谢后，离开了教室。

一个从来没遇到过的娃

赶去县里开会的路上,车轮滚滚,但我的眼前却不断浮现起一年多来与梓君相处的一幕幕。

这个孩子啊,真的是我过往十六年教育生涯中从来没有遇见过的:

他从不好好听课。语文课上,但凡窗户开着,他便会不断喊"关窗啊关窗啊",直到如他所愿才肯作罢;他常不断喝水再不断高喊"老师上厕所",来来回回一次又一次;师生对话时,他从来不会参与,却时不时以他独特的方式发声,或不断故意打嗝,或把脚架到桌上影响同学,或一遍遍高声喊"老师老师"……

他待人极不友好。课间总是独来独往,因为他说话做事没轻没重,没有同学和他做朋友;他交作业的方式,是隔着几个桌子扔到我讲台上的;他跟我打招呼喜欢拿笔尖或手指在我背后捅我;他一开口说话就习惯性掐尖了嗓门高八度发声,似乎对谁都不满;他会肆无忌惮地打喷嚏,甚至把鼻涕直接喷溅到我的脸上了,也未知未觉不说一声对不起……

一开始,我以为他只是为刷存在感博眼球而做出种种离奇举动,因此便用对待一般问题生的方式去教育引导他,期待着用多一点表扬和鼓励去矫正他的行为,帮他找回存在感和自信心。

后来接触一段时间后,我发现我把问题看得太简单了——

他有些刻板重复的动作行为,如上课讨厌被风吹到,一个人发呆时喜欢不停摇头。他协调性不好,走路时总给人不稳的感觉,跑动时像只笨拙的小企鹅。他语言表达能力不强,也搞不清稍微复杂一点的人物关系。

经与前任老师及部分同学对话,才知道梓君自进入小学便如此。只是,家人只盯住孩子的学业表现,也没有带孩子去专门机构诊治过。特别是梓君爸爸,甚至非常拒绝与老师直接对话,家校沟通一般都由孩子妈妈负责。

凭个人直觉,梓君的智商非但没有问题,而且很可能超越一般孩子。

那么，他又为何有如此表现？

一段全新的学习之路

　　那段时间，我既担心，又焦虑。担心自己吼不住他，担心他不断制造事端影响课堂影响全班的学习；焦虑于仅凭自己微不足道的心理学知识，该如何去引导和帮助这个孩子。我终于深深地意识到了自己专业知识的匮乏。

　　如果不尽快提升自我，我又有何资本去教育帮助这个孩子？

　　华山一条路，就是刀刃向内，开启一场全新的学习之路——

　　我一边请教身边的心理学大咖，一边向网络求助，终于明白，梓君大抵是有一种叫"阿斯伯格综合征"的社交障碍问题。

　　通常来说，孩子到学校上学是为了两个目的：学习功课和学习社交。眼下看来，相比较学业问题，梓君的社交问题更需要被关注。但家长始终不愿直面这个问题，梓君的社交障碍看起来又千头万绪，我又可以为他做些什么呢？

　　一筹莫展的我网购了多本书籍，开始了对阿斯伯格综合征的系统学习。

　　在大量的阅读中我发现：阿斯伯格综合征所呈现的人际沟通障碍，主要和"社会脑"功能缺失有关。普通孩子的社交能力建立在先天基础上，随着认知能力和社会经验的发展而逐渐提高，并慢慢修正和成熟。但像梓君这样的孩子，人际交往能力和情感成熟度会比同龄孩子迟缓两到三年。他们无法依赖先天能力，在面对社会情境和同伴时，主要依赖自己的认知和能力经验，因此总显得笨拙而另类。但也有研究显示，尽管对他们来说社交就像一门外语，但是如果经过系统训练，他们的"第二语言"也可以说得像母语一样好。

　　这样的发现让我兴奋不已。看似乱象丛生中，我依然看见了无限生机——千头万绪中，以情感教育为支点，尝试撬动孩子成长的地球！

家校携手的同心同行

尽管我再三邀请，但梓君的爸爸始终不愿到校面谈，钉钉中也极少与我交流。这让我隐隐意识到，梓君爸爸可能有什么难言之隐，甚至很可能他自身也存在着人际沟通障碍。也因此，我始终没有跨出家访这一步。对于不愿暴露自我的家长，我是理解并尊重的。后续的家校沟通，我主要与梓君妈妈对接。

1. 做好家长的心理建设，纠偏家长认知

不管是与梓君的妈妈对话，还是发给她的信息中，我始终以纠偏家长认知、做好心理建设为首要目标。

每每家长群中反馈孩子学习情况，梓君妈妈总是最主动私聊我的那一个。她最关注孩子的考分，有时甚至为孩子爱看课外书而找我告状。于是我在认同家长重视孩子教育的同时，也艺术性地将梓君与人沟通时遇到的问题真实呈现给家长，引起家长重视。

但这样的沟通带来的结果是，梓君妈妈开始不断跟我倾诉对于孩子"低情商""不懂道理"的担忧。

于是，我一边与她共情，一边引导她看见梓君优于同龄人之处，比如渊博的课外知识和超强的自学能力。与此同时，我还宽慰她：孩子不同寻常的行为和能力的根源，与家庭的教养方式基本无关。孩子暂时在人际沟通方面弱于同龄人，所以那些对于旁人来说很轻松自然的沟通对话，对梓君来说就是天生困难的。因此，孩子的社交问题，不能再以批评为主，更不能再贴与"道德"有关的标签，而要以正向鼓励和科学引导为主。

一段时间之后，尽管每次单元检测后，梓君妈妈依然会第一时间来询问成绩，但日常的交流中，她也已经开始更多地跟我交流孩子日常细节中与人相处的问题，有时也会主动跟我夸夸孩子某一次的进步表现。

我想，如果家长不再陷入内卷内耗，而是向内寻找自己的生长点，同时向外看见孩子的生长点，这可以算是家校联动真正发挥作用的起点吧。

2. 当好家长的技术顾问，赋能家长行为

我深知，只要家长回避关于让孩子接受专业治疗的问题，我就不能贸然越界。但与家长相比，我在教育方面更具专业性。所以，在赢得家长信任，并逐步影响家长观念的同时，我与梓君妈妈商议，可以在家庭生活中尝试一些情感教育策略。

第一，进行互动游戏，培养情感识别能力。

梓君的情感识别能力明显与同龄孩子有差距，他既不懂怎样理解别人的想法、感受，也不能很好地识别和表达自己的情绪。我与家长达成共识：培养孩子识别情绪的能力，是孩子更好表达和控制情绪的关键。

比如，梓君能准确识别身边人明显情绪变化的表情，如生气、开心等，但对于一些面部变化起伏不大的表情，则无法很好地解读，因此常常遭遇尴尬。因此一段时间内，我引导家长运用某宝上购买的、打印的情绪脸谱，和孩子玩看图猜情绪，逐步培养孩子解读他人面部表情的能力，并在实际生活中模拟运用，也起到了一定的效果。

又比如，同一句话，用不同的语速语调，在不同的文字上进行重音处理，所表达的意思是完全不一样的。这对于梓君来说，也是有难度的。而这样的题目恰恰是语文课上涉及的训练点。因此我给梓君家长出过一系列的家庭作业，引导家长与孩子玩声音线索游戏，由家长表述，孩子模仿，并一起分析不同的声调表述的是哪些不同的情感状态。

第二，开展角色扮演，提升人际沟通技能。

一次，梓君生日临近，孩子妈妈跟我联系，说想请几位同学到家里玩。我随即建议她不妨好好利用这次机会：

第一步：父母与梓君共同商议生日聚会的具体方案，提前做好计划。

第二步：提前练习邀请脚本，包括如何写邀请函，怎样打电话等。

第三步：学习当小主人的规则，模拟练习生日当天场景。

同时希望家长当天能全程陪在孩子身边，以备随时为他提供行为指导，并随时指出和赞赏他的任何进步表现。

梓君妈妈如约照做。后来反馈给我说，当天整体很顺利，只是到了下午，梓君已经不太乐意跟小伙伴们玩了，只顾着自己看电视。

我宽慰她说，社交课程本就是比学业课程更辛苦，点滴的进步都要被正向强化，孩子才会对人际沟通越来越有兴趣和自信。

第三，描绘社交同心圆，得体把握社交尺度。

一次放学时间，我在校门口站岗，梓君放学时见到我，便冲上来问我："老师，'暗物质'是什么东西？"见我一脸蒙，他又自顾自走向我身边的保安师傅，问了同样的问题。保安和我一样蒙圈了。梓君见我们都无法作答，便又自顾自走了。

我以为他是自动放弃了对答案的求索，安安心心回家了。可没想到，才走了没几步路，这孩子又盯住正站在马路边执勤的交管人员问了同样的问题。

我连忙赶上前去，要求他"不能跟陌生人说话，快把问题带回家问电脑！"也就是在那一刻，我深深地意识到，孩子对于社交尺度的把握是毫无概念的。太多太多的担忧，从我的心头升起。

当晚，我联系了梓君妈妈，淡化了事件，但重点向梓君妈妈介绍了我从书上学来的"描绘社交同心圆"的训练内容：

就是在一张很大的纸上画出一连串的同心圆，亲子合作，在最里面的圆圈里写上孩子和亲密家人的名字；第二圈写上除家人以外熟悉孩子的其他人，如老师、关系比较近的亲戚朋友等；第三圈写上家人的朋友、远亲以及虽认识但不算朋友的人；第四圈写上认识但不熟悉的人；最外面写上陌生人。

然后打印下来各种问候举动的图片，父母和梓君一起讨论，哪个图片适合放在哪个圆圈里。这样的作用是帮助孩子从视觉上直观看到周围复杂的人际关系层次，并学会在与某类人士交往时，知道该说些什么和做些什么。

"教师力量+同伴力量"的双重滋养

其实在家庭一对一、一对二的人际场域中，梓君的交往沟通能力障碍表现得并不明显，尤其是父母对他百般呵护的情况下。但是到了学校，面对的是群体生活，学习生活节奏又很快，这让不善于面对复杂人际关系和变化环境的梓君如临大敌，举步维艰。

这种情况下，老师和同伴在他的成长中扮演着什么角色，就显得尤为重要。

1. 建构师生训练课程，系统训练中提升交往能力

我把梓君日常与我交流中呈现的问题一一梳理，一一对标查找方法，再一点一点对他进行系统训练。

他扔本子给我，我就先告诉他："本子丢过来会吓到我的。如果你能轻轻放在我的桌上，我会很开心的。"然后再示范给他看，又要求他学着我的样子做。

他打喷嚏不捂嘴，我就把自己的纸巾递给他，手把手教他捂嘴，并告诉他："这样细菌就不会乱跑啦！"

他用笔尖捅我的方式跟我打招呼，我就在他身上模拟，并告诉他："笔尖扎痛我了！"然后再示范给他看："你可以走到我面前，看着我的眼睛跟我说话。"

他说话语速飞快，我就一遍遍提醒他慢下来，讲清楚，并教给他："讲不清的时候可以写下来。"

他借东西靠抢，还东西靠丢，我就手把手教他借东西要用"请"，还东西要用"谢"。

……

2. 组建同伴互助联盟，日常陪伴中正向强化

梓君人际交往能力的培养，光靠家长与教师的力量显然是不够的，尤

其对于渴望友情的他来说，同伴教育的力量是巨大的。更可喜的是，前四年的集体生活中，由于前任老师们温暖的榜样示范，全班同学都能像包容自己的弟弟一样对待梓君。

尤其是伊凡、振涛等孩子，不仅天性善良性格温和，而且很喜欢照顾别人。在征得他们家长的同意后，我组建了互助成长联盟，并进行了多次微培训活动。一方面是想引导这些孩子发现梓君的可爱之处；另一方面也让孩子们意识到：帮助梓君，对于自身成长同样有着积极意义；同时也要教给他们一些助人的技能。如此，在我不在场时，互助联盟就会及时补位，在做梓君玩伴的过程中，有意识地帮助他指出哪些行为得体，哪些需要改进，让梓君时时处处被潜移默化地影响干预着。

一段彼此照亮的时光

就这样，慢慢地，梓君在一点点变化着：

比如，语文课上，他变得很安静了，有时居然也会举手发言；课间，他依然常常独来独往，但会记得及时去上厕所了；他交本子学会了轻轻放在我讲台上，跟我打招呼由原来的拿笔捅我，升级成了直接冲到我面前大声喊我"老师老师"；向同学借东西不再蛮横，还东西的时候也会捎带上一句"谢谢"，虽然语气硬得像石头。

最搞笑的是，他居然学会了拿他的课外书交换我儿子的课外书。这个学期开学第一天，他就拿着一本漫画书来找我："老师，这本书给你儿子看！"正当我要感谢他的时候，他又跟进了一句："老师，那你儿子有啥好看的书哇？"直听得我一愣一愣，却又欢喜不已。

与此同时，我发现自己也在陪伴梓君的过程中，慢慢地变化着。

曾经暴脾气的我，现在很少找得到向学生发脾气的理由了；曾经管班信奉"我的地盘我做主"的我，现在遇事习惯性地去主动倾听孩子们的意见建议了；曾经急性子的我，现在更喜欢站在孩子身后，跟着他们的节奏前行了。

因为，在与梓君的朝夕相处中，我常常会去思考：如果他是我的孩子，我希望老师如何对他？如果我是这个孩子，我又希望老师如何对待我？

也正是在与梓君的朝夕相处中，我慢慢地意识到了：

看见和挑剔他人的缺点和不足，这是人的本能。在孩子犯错时进行批评教育，那是谁都会做的事。而教育的专业性在于，如何科学地洞悉孩子行为背后的成因和心理诉求，如何帮助孩子找到适合他成长的最佳路径，如何在且歌且舞的艺术化引导中，帮助孩子成为更好的自己。

因此我是不是可以这样说：特别是对于那些"问题孩子"来说，师生一场，三两年也好，一年半载也罢，一经相遇，就是一场彼此成全。教师成就着学生的光明未来，学生成就着老师的教育情怀。教师和学生，在互相影响彼此玉成中，成为彼此的光，共同照亮了这段共行共修的美好时光。

给每一个孩子都颁奖

此刻，我的娃娃们正在期末的考场上奋笔疾书，我一边默默祝福着他们，一边把本学期的各种竞赛成绩一一输入电脑。我们是约好了的，休业式那天，要给学期表现优秀的孩子颁奖。

数据一一呈现的那一瞬间，看着那些熟悉的"好孩子"的名字，我敲击键盘的手速慢了下来：

休业式那天，真的只给那些表现优秀的孩子颁奖吗？那些后进的孩子怎么办？要又一次让他们做"最热情的鼓掌者"吗？"表现优秀"的标准是什么？休业式颁奖的出发点又是什么？……

一连串的问题问蒙了我自己。

想起了自己的小学时光。一至三年级，我一直是班级里老师最头痛的存在，最爱带领班级捣蛋分子给各位老师添乱，打架打得赢高年级男生，被罚站墙角是常有的事。至于学习成绩，自然是不好的。我知道老师们都不喜欢我，所以我也不喜欢他们教的课。

四年级时，班主任请假了。当时我在村小，读的是那种一个老师包揽两个年级的复式班。原任老师请假后，来了个姓夏的小老头儿代课。新来的夏老师矮矮的，还总抽烟，所以一口牙都是黄黄的，连手指都黄。但我还挺喜欢他的，因为他会弹琴，还给我们上基本没上过的音乐课。

音乐课上，他喜欢叫学生单个儿站起来唱。那时才刚刚进入 20 世纪 90 年代啊，农村的土孩子啊，平时课堂发言都没几个人敢举手，更别说唱歌了，一个个臊红了脸，只顾低头。

我看那些平日里老师眼中的"好宝宝"都蔫儿了，幸灾乐祸极了。就想着，这可是我表现自己的好机会，顶多唱得不好再被老师罚站墙角，反正我也习惯了。于是我就站到讲台前，扯开嗓子唱起来了。

同学们都盯着我看，各种表情。但那独领风骚的感觉真的棒极了，我可顾不得去分析他们的表情里都有啥信息。

再接下来发生的一切，成了我小学时光中里程碑式的转折点。我至今仍然清清楚楚地记得，夏老师当时咧开嘴朝着我笑，那几颗被香烟熏得黄黑的牙齿，瞬间也变得可爱起来。他对全班同学说："孙亦华很勇敢！唱歌也很好听的！你们要向她学习！"

那一次被表扬，如果我没有记错的话，应该是我小学近四年里的第一次！那一刻我几乎要喜得不知该如何安放双手双脚了。

后面的故事，就美好得有点不真实了——

就是从那一次以后，那些原本不怎么爱搭理我的"好学生"们，居然也开始邀请我和她们一起跳皮筋了。于是我就想啊，那我自然就不能继续干从前那种"带领一班'坏男孩'到处搞破坏"的勾当了，好歹咱也是被老师当众表扬过的榜样级人物了呀！

而我的成绩呢，也不知怎么的就一点点进步了。

而那句"唱歌很好听"的评价，也被我很骄傲地从小学一直炫耀到了中学。中学那会儿，我甚至还曾毛遂自荐，代表班级参加了学校的独唱比赛。而直到进入师范，我才终于得知一个真相：其实我是个唱歌很难找准调的人。

今天当我回望这段尘封的往事时，忍不住发笑，却又鼻子有点酸。

那个只代了一个多月课、后来基本没有再见到过的小老头，那位咧开嘴露出满口黄牙笑着夸奖我的夏老师，一定不曾想到，也许无心的小小一句称赞，是如何以核聚变的形式，改变了一个孩子的人生走向的。

如今，我也已为人师近二十年。虽然我也常常提醒自己，"多一把尺子衡量学生，就多一批好学生"，但在面对一次次作业一场场检测时，"分数"这个词，依然毫无意外地夺走了我的注意力。

于是我忘记了：曾经的自己为何"不思进取"？又为何真如老师口中

的"死性不改"？

原因也许仅仅在于，在当年那个"分数改变命运"的时代里，我的老师是多么期盼着我们这些农家孩子能实现"书包里翻身"，于是用他制定的"分数唯一"标准来套每一个学生。于是，像我这样的孩子，自然就很难"对标"，也就成了"不合格产品"。也于是，我自然成了被改造打压的反面教材。

在当初那个"为了生计而读书"之风盛行的年代里，我的老师们抱着"知耻近乎勇"的美好初衷，一次次试图用批评惩罚来改变我，却把我变成了"捣蛋破坏第一名"。那么，在如今这样衣食无忧、学生"空心病"泛滥的时代里，如果还将曾经的"己所不欲"，施于我的学生们，我又会把这些困境中的孩子推向哪里呢？

思及此，心头猛颤。

不容多想，拿出名单，翻出孩子们往日的作业记录，一页页查看，一个一个分析，一点点回忆每个孩子的个性和特长。我决定了，这次休业式，我要给每个孩子都颁奖！

就像当年夏老师夸奖我"唱歌好听"那样，我要引导我的孩子们既看见自己的优点，也发现身边的每位同学都有长处，引导他们既懂得自尊，又学会欣赏班级里每一位同学。

我要让每一个孩子，也包括我，明白：哪怕是那个从来没法考及格的孩子，至少他像蜗牛一样不停努力着，而且劳动的时候又总是最积极的那一个！又或者是那个不太会听课的孩子，至少他面对如同天书的课堂却从来不捣乱！而这一切对于他们来说，又谈何容易啊！所以啊，在一个学期即将收尾的时候，给这样的孩子一次大大的表扬，一点起码的尊重，难道不应该吗？

就像当年我赢得了老师同学的夸赞后从此奋起那样，我要把量身定制的"阅读之星""书写之星""作文之星""发言之星""服务之星""纪律之星"等等美誉，送到每一位孩子手上。我希望透过奖状告诉那些曾经只能负责鼓掌的孩子：你一定要相信，只要你愿意努力，鲜花与掌声也许会迟到，但一定不会缺席。

我期待着，那一天的休业式，那一张小小的奖状，能引导孩子找到那个撬动自我的支点。

想起陶行知先生说过的一句话："要爱每一片绿叶，哪怕是有斑点的病叶。"红花喜人，绿叶又何尝不可爱呢？试想大自然全由红花装点，放眼望去全是红彤彤，恐怕只能用"可怕"而非"美好"来形容了吧。教育又何尝不是同理呢？倘若生生优秀，教师还有何用？还能何为？

如此想着，我就心头喜滋滋的。虽然班级里好多孩子只是绿叶，但我依然可以边反思边行动，努力地培养他们成为最亮眼的绿叶啊。更何况，你去花店里瞧，很多绿叶的价值，可是远高于红花的哦！

所以我不能再絮絮叨叨了，我得去好好琢磨，给每一片绿叶配一段怎样的颁奖词，我还要策划方案，还要联系广告公司定制奖牌，就像运动会的金银铜牌那种。不仅仅刻上每一类奖项的名称，更要刻上获奖学生的名字！

我期待着，让每一片绿叶都闪光。

又或者，我所期待的这一切，未必会在每位孩子的心头真实发生。但那又有什么关系呢？至少，在休业式那一天，很少甚至从来没有领到过奖状的他或者她，发自内心地笑了起来，那么，作为他们的老师，我也就觉得这一切都是值得的。

潜能生的私人定制

班级语文基础知识竞赛成绩出来后,小美成了"黑马"——她稳稳地拿到了三等奖的第一名。

这个"三等奖"的含金量极高:因为尽管只是三等奖,但她的总分跟第一名只差了两分。更因为,她曾经一直是"后进生军团"的一员。

手捧奖状,我不禁陷入沉思:这张奖状,于小美而言,于全班孩子而言,究竟意味着什么?多好的教育契机啊,我该如何好好利用呢?

为孩子"私人定制一个颁奖典礼"的念头忽然闪现在脑海中。于是,在一节多课的精心准备后,我满面春风地进了教室。

打开课件,颁奖典礼的片头立刻吸引了一众眼球。尽管投影设备略老旧,但流光溢彩的画面加上激荡人心的音效,依然将教室的氛围烘托得有点神圣,有几个调皮的孩子还"哇哦哇哦"地惊叹着,并配合着音乐有节奏地鼓起掌来。

首先颁发三等奖。

"三等奖第一名,是——你们猜!"我故意卖起了关子。

在孩子们猜了又猜攒够了好奇心后,我才高声喊出"小美!",教室里立刻掌声雷动。

我做了"嘘"的手势,又补充道:"虽然是三等奖,但是总分跟第一名只差了两分!"孩子们再一次响起热烈的掌声,有几个可爱的孩子还竖起两个大拇指送给了小美。

再看小美,脸早已涨得通红通红,笑容却怎么也藏不住了。

然后,其他三等奖的孩子也一一公布,一一上台领奖。最好玩的是,在合影留念的时候,孩子们不约而同地起哄,非要让小美站"C位"。

接着又发二等奖和一等奖,照例也是一个个夸,一个个请上台,再一起合影留念。活动到此,真正的高光时刻才刚刚到来——

我说道:"一般这样的时刻,都会有获奖明星发表感言。那么此时此刻,各路媒体记者们,你们最想采访哪位大咖呢?"

"小美!小美!小美!"就像事先安排好了似的,孩子们纷纷喊出小美的名字。在一浪接着一浪的"小美!小美!"声中,小美有点手足无措地站到了讲台边。立刻就有孩子手握语文书模拟话筒状上前"追星":"小美同学,请问你进步神速的秘诀是什么?"

我真想去抱抱那个"会来事"的孩子,怎么可以如此一语中的?又或者,这正是大家的心声吧!

听听,小美是怎么说的——"我就是每天按照老师要求,认真做完作业,再好好复习当天学过的知识点。然后我还每天坚持看课外书。最近我每天早上都很早起来复习……"

我看向孩子们:"你听到了什么秘诀?"

在孩子们的复述中,我们合作完成了板书:"1. 晚上及时梳理;2. 每天坚持阅读;3. 晨起复习巩固。"

在我板书时,不少孩子也跟着一笔一画记录着。看来,小美平平淡淡的话语,是真真实实地叩动了孩子们的心弦。真好!

我请小美回座位,然后和孩子们开始了如下对话:

我:小美只做了这三件事,为什么就能产生如此巨大的能量呢?我们一起用一个数学题来解开这个谜团吧。

我在黑板上写下了"100 天"和"100 分"两个数字。

关于量变如何引起质变的计算推演,太多老师成功运用过。但面对小学的孩子,我想用一种更加简单更加直观的解读方式——

我:一个学期学习差不多 100 天,每个孩子都想得 100 分。那么我们可不可以把每一天的学习当作为自己挣了 1 分。

孩子们纷纷点头表示认同。我在黑板上写下了"1"。

我：那么，小美只是每天多做了一点点，可以看成她每天得了"1.1分"，而有的同学觉得每天少做一点点也没事，那就是每天得了"0.9分"。

我又写下了"0.9"和"1.1"两个数字。

我：那么，如果小美一个学期"每天多做一点点"呢，她可以多拿多少分？

孩子们很快给出了答案：10分。

我：每天少做一点点的同学呢？少得了多少分？

孩子们：也是10分。

我：一个学期之后，每天多做一点点的小美和每天作业打个折扣的同学，相差几分？

孩子们惊讶起来：20分！

我：你明白了什么？

孩子们立刻纷纷举手，表达着自己的感悟，有的目标锁定"坚持"这个关键词，有的比对自我开始反思，还有的说要向小美学习。

虽然没有什么华丽的词句，但我知道，这道不够科学严谨的计算题，多多少少是触动了他们的。

我顺势往下接："除了小美，其实我们班默默努力着的孩子还有很多很多，只是这次竞赛没能完全发挥出实力。所以，你们就说吧，要不要再来一次'勤奋大比拼'，然后我再给你们隆重颁奖？"

"要要要！"孩子们异口同声。我笑成了老母亲的无比欣慰状。

而在我将这件事梳理成文时，我们的第二轮竞赛已经统计到了第四次成绩，令我欢悦的是，除小美外，另有好几位原本表现平平的孩子，进步都可圈可点。特别是小紫这个一向爱犯点小懒的女娃娃，已经跃居总分榜第二名。

于是我又开始了新的思考："小美逆袭记"的背后，究竟隐藏着怎样的教育力量呢?

教育力量一:"当众承诺"的力量

"当众承诺"这一招,其实是我给小美吃的"套路"。

心理学研究表明,每个人都希望自己是言而有信的。这带给我的教育启示是:想要让学生做到一件事,不妨先让他说到,特别是让他当众承诺。我就在小美身上如法炮制。

一开始,哪怕她只是点滴进步,我也会在面批时提一句:"我知道你的功力才发挥了六成,要不要下次默写再少错一点?"又或者:"引爆你的小宇宙,争取上 85 试试?"我总是故意提高音量,让班级里其他孩子也听见。让小美当众承诺,既给她被关注的心理满足,也给了她履行承诺的心理压力。

后来,当她慢慢悠悠地在进步时,我又继续"套路"她——多次当着同学面追问她:"你是怎么做到的?""你还会继续努力下去吗?"在她羞涩地用朴实的话语作答后,我又总是打趣她:"这是'美氏'独门武功秘籍。"

我不断利用她这个年龄已经会有"假象观众"的心理特征,让她误以为自己的一举一动都会有人注意。如此,她的内心自然会产生"同学们都在关注我,不努力就丢脸了"的想法,这不是等同于有四十多个孩子在无形地鞭策着她,推动着她吗?

而这一次,我为她私人定制的颁奖典礼,其实就是一个更大的"套路":我把她的进阶神技大大地写到了黑板上,并引导同学誊抄了下来。这标杆人物般的高帽子一旦戴上了,她轻易也舍不得自己摘下来。为了保住同学和老师心目中的美好形象,她自然就"不用扬鞭自奋蹄"了。而这样的学习状态一旦天长日久,也就习惯成自然了。

需要补充的是,玩这样的"套路",有几个因素必须考虑进去:

第一,师生关系要良好。"当众承诺"起效,最基础的就是师生关系要好，或者说，孩子是很喜欢老师的。

心理学里有个"自己人效应"，说的是双方如果关系良好，一方就比较容易接受另一方的观点，甚至连有点过分的要求也不容易拒绝。"教师要求→学生承诺→履行承诺→改变行为"这一良性循环成功的前提也在这里。如果老师在孩子心中有分量，老师的话在孩子心目中才会有分量，履行承诺的动力就会更足。

所以，利用"当众承诺"来推动小美改变，说到底，其实我是利用了小美特别喜欢我这一心理基础，打的一张"师生感情牌"。

第二，承诺目标要合理。小美基础差，学习力不强。如果要求过高，虽然老师初衷美好，但困境中的她是很容易知难而退的。更何况，小学五年多形成的问题，又怎么可能十天半月就能脱胎换骨？

因此，我很耐心，每次向小美提的要求也都很小，是让她稍微努力一下就能达成的那种。这样的小目标小步子，其实是为她的进阶架起一个可以依傍的支架，这样小美努力起来就有奔头又有盼头了。小步子走，最终带来大变化，这其实正好印证了心理学中的"等门槛效应"。

第三，滋养孩子的自尊心。承诺会不会兑现，还有一个关键因素，就是承诺人有没有较高的自尊心。认知失调理论告诉我们：高自尊的人，承诺了不兑现会难受；而低自尊的人，违背诺言也无所谓。

毫无疑问，学业困难的孩子，一般都是低自尊的。所以，我不断当着同学的面鼓励肯定并期待着小美，更舍得用一节课的准备、半节课的活动，来为她"私人定制"颁奖典礼，目的都指向孩子自尊心的培养，引导孩子看到自身已经具备的优点，也发现自身潜在的力量。当小美越学越自信，越学越懂得自我肯定，她做出承诺后，便不会轻易失信于我。这也就是所谓的"高自尊才会带来高自律"。

教育力量二：积极归因的力量

学困生的习得性无助是在学习过程中渐渐产生并形成的。刚入学的小学生往往都是自信满满的，他们习惯于将成绩不够理想归因于运气太差或者题目太难。但在失败次数渐多后，他们会逐渐改变归因方式，将成绩不理想归因于自身的无能。消极归因带来消极观念，而这样的观念一旦形成，那些后进的学生便不愿再去努力了，最终就形成了"失败→消极归因→失落感→越发失败"的恶性闭环。

所以小美的"突围"点醒了我：如果挖掘并放大小美的案例，引导全班孩子学会换个角度看待失败，意识到真正左右自己学业成绩的，并非自己的能力，而是自己付出的努力，说不定就会有第二个第三个甚至更多个"小美"被唤醒，并突围！

所以，我安排了上文中描述的"采访追星"和"计算每天进步一点点"环节，引导着孩子们聆听、誊抄和计算，期待着帮助他们做价值澄清：真正阻碍自己前进脚步的，不是自己的能力，而是自己"每一天少做了一点点"；而那些越学越有成就感的同学，也并非因为能力过人，只不过是他们"每天多做了一点点"。

教育力量三：身边榜样的力量

现实中，我们不难发现，对于即将或已进入青春期的孩子来说，那些被挂在墙上写进书里追成热点的英雄伟人的影响力，往往还及不上孩子身边的同伴路人甲。

这并非指那些名垂千古的伟人已过时，主要一则是这些高大全的人物，离孩子的生活太遥远了，让孩子太触不可及了；二则，这一年龄段的孩子，最关注最在乎的就是同伴的一举一动。因此，同伴对他们的影响力也就相对较大。

我特地定制了这次颁奖典礼，也是基于这样的思考。尤其是，想为那些原本不肯努力的孩子，找到一个培养学业自我效能感的"替代性强化"样本：

那些原本"身在曹营心在汉"的孩子，每天出工不出力，认为自己不是学习的料。而如今，原本和他们同一梯队，甚至还不如他们的小美，却靠着每天多花一点时间在学习上，就噌噌噌地跑到他们前头去了，还被追捧成了班级明星，同学也羡慕，老师也宝贝。此时，这些孩子就不淡定了：她不见得比我聪明，却能越学越好，那么我如果也每天多花一点时间用来学习，一定也能进步吧?！

而第二次竞赛中杀出的新一波黑马，我想大概就是受了身边榜样小美的影响吧。

只是，无论是身边榜样的影响，还是正确归因的训练，又或者是"公开承诺"技术的运用，都不是一次两次教育引导就能立竿见影的。特别是对于那些学业上丧失了希望，又不具备很强学习力的孩子来说，这样的私人定制，这种教师的特别用心，最好多一点，再多一点。

我边梳理，边这样提醒着自己，然后认认真真书写下来。这也算是一个"公开承诺"吧。毕竟说都说了，我自然是要踏踏实实去做起来的。

但再想想，只要这样点滴的教育细节，日常的教育契机，多多少少能触动并影响到一些孩子，那么多做了一点，职业幸福感也就浓了一些。

如此想想，又无比欣慰：这每一次的用心经营，每一回的私人定制，岂不都是一份无比美好的礼物。既是送给孩子的，更是送给自己的！

"哪吒"也是好孩子

临近下班,四年级班主任小李老师气喘吁吁找到我求助。原来,她班一男生在课间把班中三位女生均打伤,一人被打出鼻血,两人被打出淤青。女生家长们找到了班主任讨说法,其中一位家长强烈要求打人的男生转班或转校。

经与小李老师沟通,我大致了解到:男生俊杰,自一年级起,就有攻击性行为,因此在同学和家长群中口碑很差。俊杰的父母也带孩子看过心理医生,吃过药,但收效甚微,所以后来父母也放弃了治疗。

受伤孩子的家长虽然情绪很激动,但总算理性,表示并非要找学校和老师麻烦,只是希望校方想想办法,让班中的小朋友不再被俊杰攻击。但如果孩子依然如故,他们会联合所有家长,联名要求俊杰转学。

我表示校方会尽最大努力,帮助转化俊杰,也会保护好所有孩子。投诉的家长答应给校方时间处理问题。

其实听完家长和李老师的诉苦之后,我脑海里闪现出的是——哪吒!这孩子,不就像前不久热映的电影《哪吒之魔童降世》中的小哪吒吗?活泼好动,注意力持续时间短暂,行为冲动,经常不顾后果,全然一个拥有使不完的洪荒之力的小皮猴儿!

但,哪吒也是好孩子啊!小皮猴儿最后还不是拯救了苍生!那么,我又可以为俊杰这个小皮猴儿做点什么呢?

多方沟通，全面了解

攻击性行为其实是小学生中比较常见的一种社会行为。但凡有攻击性行为的孩子，在班级中的人际关系都不太好，大多数同龄孩子会对其避而远之。但俊杰的情况，属于相对有点严重的。我首先需要通过与教师、家长等多方对话，了解孩子问题行为背后真正的成因是什么，才好对症下药，真正有的放矢地帮助到孩子。

1. 对接教师

送走来投诉的家长们后，我立刻与小李老师进行了详谈。

小李老师告诉我：俊杰成绩中下，但智力并不差。平时喜欢惹事，自控力差，敏感，情绪易激动，言行举止不分时间、场合，脾气上来了，跟老师也会顶牛。在班中只有两三个后进生愿意和他玩，大部分同学都对他很有意见。但俊杰也喜欢听表扬，喜欢老师叫他做事，只不过因为他实在太捣蛋，任课老师也都表示很难喜欢他。

我又联系了俊杰前三年的科任老师和班主任，从他们那里大概了解到：孩子的确爱捣蛋，但故意打人的事情在前三年极少发生。一般矛盾诱因都是同学先惹到了他，他不会控制情绪，下手没轻重，才使矛盾升级。

2. 沟通家长

在大致了解孩子在校的表现后，我又与孩子的妈妈进行了沟通。孩子妈妈跟我哭诉：她已多次因孩子的攻击行为而登门向其他家长和孩子道歉。

对于孩子这样的行为，家长骂也骂了，打也打了，可孩子却变本加厉地攻击人，最近甚至开始对家人拳打脚踢和谩骂。但唯独对爸爸，他从来不敢这样肆无忌惮。妈妈很着急，也很无助，她想带孩子去上海看看孩子神经方面有没有问题。

直觉告诉我，家庭教育中真正的问题所在，孩子的妈妈并没有呈现给我。考虑到爸爸对孩子还是有威慑力的，我便利用元旦假期在校值班的时间，将孩子的爸爸邀请到了我的办公室。

从孩子爸爸处，我得到了更多信息：

从小俊杰才七个月起，他妈妈因与婆婆关系不和，选择外出打工，很少再回家。年幼的小俊杰便由奶奶带着，直到上小学。妈妈一直在外打工，爸爸也忙于工作，很少有时间陪伴孩子。

孩子幼年时一切正常，但入幼儿园后开始出现攻击行为。当时老师为了教育惩戒他，常让孩子单独坐在讲台边上。

上小学后，孩子攻击行为开始严重起来。有家长告状后，严厉的爸爸会责打他，但爷爷奶奶一直拦着，甚至为了保护孩子而当着孩子的面责骂孩子爸爸。孩子妈妈是从孩子三年级起才回归家庭的，但因自觉早年对孩子有亏欠，所以对孩子百般宠爱，要什么给什么。最终，孩子在家就怕爸爸，面对其他家长则非常任性，动则发脾气，甚至动手。

3. 对话孩子

我又邀请了俊杰来我办公室聊了天。刚开始，他对我明显有敌意，也很紧张，眼神一直东游西荡，就是不看我。在我跟他东拉西扯游戏童书一类话题后，他逐渐放松下来，也能比较顺畅地与我交流，但明显感觉得到，孩子的语言表达显得幼稚，有时也会词不达意。在与他的诱导式对话中，我大致了解到，孩子说爱爸爸，因为能陪他玩。不爱妈妈，说不出原因。班里有两三个朋友，常一起玩。

理性剖析，分析成因

在多方沟通后，我心里的大石头终于落了下来：无论如何，俊杰这个小"哪吒"的问题并非十分严重。表面上看起来孩子有诸多问题，而其病因，大多并不在孩子身上。

1. 家庭因素

有攻击性行为的孩子，往往身后有一个问题家庭，或者问题家长。俊杰这孩子的情况就是如此：

首先，父亲以暴制暴影响着孩子的处世行为。父亲在男孩子的成长过程中扮演的是榜样的角色，爸爸的行为在潜移默化地影响着男孩，他能从爸爸的身上学到男性的一些行为特征。当爸爸用责打替代教育来解决问题、发泄自己怒火的同时，孩子既学会了用拳头解决问题，也学到了将消极情绪转嫁到别人身上，造成攻击行为的发生。

其次，幼年母爱缺失造成的心理缺陷。心理学研究表明：儿童的心理发展不是伴随生理发展而自然成熟，而是在与环境的相互作用中发展起来的。在婴儿的心理发育中，母亲起着非常重要的作用，因为母亲是孩子生理需要的满足者，也是孩子与客观世界接触的中间人。

而俊杰妈妈在孩子七个月时离开孩子外出打工，等同于俊杰幼年时被人为剥夺了被爱和爱的权力。母爱会使儿童产生安全感，失去它，孩子就会变得焦虑、烦躁、神经质，对这个世界产生恐惧。这份爱的滋养，奶奶是很难替代妈妈完成的。

遗憾的是，在后来很漫长的一段时间里，俊杰妈妈都没能及时弥补上这份缺失的爱，这使得俊杰心理某些方面的发育其实一直停留在幼儿阶段。

再次，家庭教育理念的不一致造成孩子的行为混乱。通过与孩子家人的对话，我发现他的家庭中至少存在三种教育理念：爸爸主张"棍棒底下出孝子"；妈妈主要用物质满足的方式来表达对孩子的爱；而爷爷奶奶则是没有原则地百般护犊，甚至面对孙子的辱骂也是一笑而过。

正确的是非观尚未形成的俊杰，面对家长教育理念的分歧，一时间无所适从，造成遇事不知如何正确处理。

特别是，当孩子出现暴力行为后，家长若一致否定，他就会知道自己做错了，从而发展自我控制能力。但事实上，多次暴力行为后，家人的意见始终不一致，致使孩子始终不知道自己究竟应该怎样做，更谈不上有意识地改正自己的错误行为，自控力培养，也就无从谈起了。

2. 学校层面

当俊杰在幼儿园发生攻击性行为时，老师采取的是"孤立"——将孩子单独安置在讲台边上。从表面上看，这是对孩子的教育提醒，然而看不见的伤害却在孩子幼小的心里蔓延：他本就是个幼年缺爱缺乏安全感的孩子，因为无心的过错，同学会跟家长说"他脑子有病的"，家长会跟孩子说"你绕着他走"……外界的种种反应，等同于给他贴上了"暴力儿童"的标签。家长老师和同学的过度敏感和关注，又在负性强化其重复发生攻击行为。

而当进入小学后，孩子的攻击行为已成习惯，而与人交往沟通的能力却还停留在入学前水平。同学的纷纷远离，家长们的各种抗议，等于把孩子一直往深水区推，他自身恐惧心理的过度反应，只能转化为一而再再而三的攻击性行为。

3. 自身层面

我注意到，这个孩子说话时，很少有长句子，一般都只有几个字，常说"不知道"，可见他的口头表达能力较弱。这很可能是他暴力行为的诱因之一：有一定的语言障碍，跟别人说话别人听不明白，争论又争论不过人家，有时有理也成了没理，情急之下，便会诉诸武力。另一个方面，他多年来一直朋友很少，导致缺乏人际交往经验，遇事不知道如何处理，情急之下就会动手。

很多有暴力行为的孩子，其实都是因为缺乏诸如语言表达、人际交往能力，才会借由拳头解决问题。而目前看来，俊杰这个孩子，这两方面都有一定欠缺。

对症"下药",科学干预

在理性分析之后,我查阅了大量资料,并结合自己的一些工作经验,分别给家长、老师提供了一些转化策略供参考。

1. 家长层面

首先,转变教育方式。我建议俊杰家人坐下来开个家庭会议,统一教育理念,多一点相互理解,少一些彼此指责。特别是杜绝以暴制暴的教育行为,同时也不要走向教育的反面,即对孩子不要溺爱,应严慈相济,宠爱有方,严厉有度。

其次,纠偏行为认知。针对如何科学引导孩子的行为问题,我和俊杰父母聊了有关脑科学的话题,帮助他们纠偏认知,意识到孩子情绪容易失控,其实是这一年龄段孩子一种很正常的反应,因此不必焦虑,但是必须重视。

我把事先打印好的大脑模型图指点给他们看,帮助他们以科学和发展的眼光看待孩子的问题行为:孩子目前只是还没有学会控制情绪的方法,所以下脑控制了孩子的行为,遇到问题容易选择本能地攻击和反抗;所以下阶段要多训练孩子的情绪调控能力,帮助孩子遇到问题理性分析,以使孩子再遭遇困境时,逐步学会用上脑解决问题,即理性思考、应对。

我给家长提供了一些训练孩子上脑思考的小策略,同时也告诉他们,这个过程很需要时间,但是我会一直在他们身边提供帮助,只要他们需要。

再次,建议父母多深度陪伴。如陪阅读、游戏、聊天、运动、旅游等,既丰富孩子课余生活,让多余精力得到发泄,积极情绪得到培养,也能在陪伴中增进亲子关系,让孩子感受到爱,获得心理上的安全感和满足感。特别是,爸爸妈妈多一点共同的陪伴,能让孩子找回曾经父母不健全岁月里丢失的安全感。

最后,遇到问题尝试借力。毕竟是第一次做爸爸妈妈,不懂家庭教育很正常，边学边做也为时未晚。我建议家长抽时间读一些家庭教育的书籍，向书本借力，转变一些教育理念，习得一些教育策略。也可以多与老师和其他家长探讨家庭教育问题，借由同伴互助，也能学到一些可操作性强的教育方法。

2. 教师层面

小李老师虽然年轻，但非常好学，因此我也没有见外，跟她探讨了一些学校干预策略：

第一，更新理念，共同成长。我跟小李老师分享：遇到俊杰这样的"熊孩子"，我们往往习惯性说上一句"真倒霉"。的确，这样的孩子会源源不断地给我们的工作制造各种麻烦。但如果以发展的积极的眼光看待问题，或许我们的心就会柔软很多——

每个问题小孩，其实都是"天使小孩"！他能照见我们本性中最恶的一面，也能让我们看见自己人性中最善的一面——我们是排斥他疏远他甚至无视他？还是无条件地接纳包容他，以自己的职业良知和专业知识去帮助转化他？并在这个帮助孩子的过程中，不断自我学习自我完善，最终在改变孩子、挽救家庭的同时，也成就自我的专业成长？

第二，转变舆论，撕去"标签"。俊杰"爱打人"的标签，自幼儿园起，至今，已被贴上六年有余。心智健全的大人，六年来身处被排挤被孤立的环境，也会义愤难平甚至心理出现偏差吧？更何况是还不满十岁的孩子！我建议小李老师避开俊杰，在班级中开个系列微班会，利用每天晨间5分钟左右，围绕一个主题展开讨论：

如，第一次微班会，和孩子们聊一聊有关"同学""宽容"之类的话题；第二次微班会，探讨一下"熊孩子是不是就该被放弃"的问题；第三次微班会，寻找俊杰身上的闪光点，引导学生学会用欣赏的眼光来看待他；第四次微班会，回忆与俊杰共同度过的欢乐时光……

如此坚持一段时间，将问题逐一梳理，逐步摊开，带领班级中的其他同学理性分析，客观看待，科学而艺术性地引导学生思考如何理性应对这种情况,如何多一些善意地与俊杰相处。相信这样的教育引导,对每个孩子的一生来说,都会是一笔无可替代的精神财富。

第三,同伴助力,爱心帮扶。针对俊杰缺玩伴,不善与人沟通的问题,可寻觅班中几位学习优秀、热心又稳重的孩子,先征得其家长同意,再组建"同伴互助小组",让小组成员主动做俊杰的朋友,下课陪伴他玩耍和指导他作业等,让他在班级中体验到被接纳被关爱的温暖。同时,小组成员还可以亲身给他示范,如何与同学好好说话,如何表达情绪。另一方面,教师也要对小组成员进行培训,万一老师不在现场,俊杰情绪激动的时候,如何分工合作,进行应急处理。

第四,委以重任,放大优势。俊杰缺爱,在校最缺的是老师的认可。而老师认可孩子的最有效方式,就是请孩子做事。这对孩子来说,不仅表示师生关系亲密,更表示老师对自己能力的认可和信任。因此我建议小李老师为俊杰寻找一个力所能及又较繁忙的小岗位,让他经常性地参与到班级工作中,既使多余能量得以释放,又能在班级中刷足存在感,能让同学们看见他的能力和努力,进一步认可他,友善地接纳他,让他在班级中逐步获得安全感。

第五,科学引导,教给方法。针对孩子语言表达和人际沟通的障碍,当务之急是一点点提高他的语言表达能力。如,在孩子遇到问题时,耐心地倾听他,然后一句一句教他应该怎样说,一步步教他应该怎么做,怎样和别人交流。如此他才会明白,不用拳头也可以解决问题。否则,即便说教再多,真正遇到问题的时候,他还是会打人,因为他找不到别的办法。

这项工作其实本该是家庭教育的责任,但对俊杰这样缺爱的孩子来说,有时候模糊家校教育职责的边界,教师偶尔担任"代理家长"的角色,恰恰是一种很别样的爱,能很好地滋养到这个心理营养匮乏的孩子。

第六,经营希望,形成合力。这里的合力,首先指的是科任教师之间的合力。可以理解,老师们对于小杨这样的孩子的确很难爱起来。但要彻底转化孩子,其他科任教师的参与至关重要。因此我建议小李老师召开"任课教师联席会",向全体科任教师介绍俊杰的具体情况,展示自己的帮扶思路，倾听他们的意见建议，最终形成统一思路，左手爱，右手严，共同呵护好孩子敏感又脆弱的内心。并且这样的碰头会，在转化过程中要常态化开展，经常互通信息，互相探讨，形成合力，共同育人。

另一种合力，是家校之间的合力。家长层面，坦诚地讲，在俊杰的教育过程中，父母是最失职的。因为他们教育理念的缺乏，曾有过教育缺位，最近甚至萌生"不管了"的想法。但他们也是最可怜的，为人父母者，没有不爱自己孩子的，只是他们已经不知道该如何爱了，他们的无奈和无助，我深深理解。而家庭一旦放手，孩子就彻底完蛋了。

此时教师的角色定位尤为重要，既要教育引导好孩子，也要担起父母"希望经营者"的使命，一方面要不断地利用表扬短信、电话等多种方式，让家长看到孩子的进步，肯定家庭教育的作用，重燃家长希望；另一方面，也要通过家访、校访等多种途径，及时与家长沟通孩子近况，科学调整教育策略，使他们能高质量地配合学校进行教育工作。

当我梳理并记录下这一切的时候，事情已发生一年多了。对俊杰的积极干预也在持续进行中。可喜的是，自那以后，孩子没有再发生严重的打人事件，偶尔与同学磕磕碰碰还是有的，但也能在同学的帮助下，很快安静下来。其他家长也没有再提让孩子转校的事情。

我也曾善意地提醒小李老师，要允许反复。毕竟六年多累积下来的问题，不可能在短时间内彻底改变。反复是正常的，只要他的冲动行为在减少，间隔时间在变长，其他同学对他的态度在转变，我们就可以自豪地说：我们的教育是有效果的！

回望整件事，曾经很心累，结局很欣慰。这就是教育！它从来不是一件简单易行的事情，太多不可控因素随时挑战着我们的教育理念、教育智慧和教育技能，拷问着我们的教育良知。但若我们轻易放弃，那个被放弃的孩子之于我们来说，只是四十几分之一，而对于他的家庭来说，就是100%。因此，哪怕荆棘坎坷，道阻且长，我们也会全力以赴。

因为我们始终相信，"哪吒"也是好孩子！

"进步之星"诞生记

当写下上一篇文章的时候，谁承想，我与俊杰的缘分，其实在我接手处理他当年"打人"事件时，就已经写好了——俊杰六年级时，我成了他的班主任。

更不承想，作为他的班主任，此刻居然激动到顾不得吃晚饭，非得先把这件事写下来不可。而就在今天下午的课堂上，我还在那样地忐忑不安。

这事，要从班级九月的"进步之星"评比说起。开学初，我就和孩子们约定了，每月底有各项评比活动，其中就包括"进步之星"的评比，内容指向每位同学的综合表现，以班级无记名投票的形式，选出班级得票前15名，为当月的"进步之星"。

评比前，我提醒孩子们务必按如下步骤进行：

1. 投票前，请先环顾四周，认真地欣赏一下全班每一位同学，包括自己。

2. 投票时，请务必将"现在的某某某"和"过去的某某某"进行个体自身之间的纵向比较，而不是同学之间的横向竞争较量。

在确认大家都理解了我的表达后，投票开始了，而我的忐忑也开始了。

我承认，内心深处，我是有期待的。我很期待其中几个孩子能榜上有名，而期待值最高的是俊杰。

自开学我接着这个班级后，就一直在担心俊杰会继续"闯祸"。但担心之余，我还是带着很多美好期待的：也许新学期，又大了一个年级，孩子会懂事一点呢？更何况，我一直无条件地包容接纳着他，也一直关注着他问题行为背后的心理诉求。但现实总是打脸啊，该来的，毫无意外地一一来了：

课堂上，我讲解一句，他总是抢白一句，明明自问认真准备的教学预设，因有了他的"热情参与"，课堂一不小心就成了滑稽戏剧场。

考虑到他有时依然会"打人"，报名那天我就特别留心观察，然后安排了自认为性格温和做事沉稳的女孩子跟他同桌。谁承想开学才一周，女孩子爸爸就打来电话强烈要求把他们调开坐。即便我再三引导女孩家长尝试从"给俊杰一个慢慢改正的机会，一起帮助他成长，也可以借此锻炼你家宝贝的人际沟通能力"的角度考虑，也改变不了家长"非调开不可"的强烈诉求。

再说课堂作业时间，别的孩子认认真真安安静静，他呢？做一题，"哎"一声，"什么玩意儿"的口头禅说个没完。尽管我再三暗示他安静下来，可总是过不了几分钟，就又是"哎"声四起、"玩意儿"个没完了。

上述还不算是大事儿，我和他当着全班面的第一次正面冲突起于那一次课间——我进教室批订正，正巧听见他捧着听写本骂骂咧咧："哪个死老太婆给我批的？"

谁不知道孩子们的语文作业都是我这个"死老太婆"亲批的！若不是自开学起就每天都在给自己做"心理建设"，再三提醒自己"说专业的话、做专业的事"，我怕是能当场气晕在教室里。

我脸色阴沉地站到了他的面前，盯着他的眼睛，一言不发地盯着他看了约莫一分钟。其他孩子吓得一个个立刻回到了座位上。

而他呢，一开始两个眼珠子上下左右四处转悠，就是不看我，到后来干脆垂头自顾自做作业了。这时，我的脸色缓和起来，内心暗暗发笑。我了解他的，如果他自知做错了事，你批评他，他的眼珠就会开始不停地转悠，这是他紧张了的表现。而他低头订正那一举动，其实是他在自找台阶下了。

但我没有就此放过他。这孩子的人际沟通能力比班里其他孩子的确要弱很多,常常不懂如何控制情绪,不知道如何表达自己的想法。所以,我更不能在他知错之后就罢休,我还得让他明白,他这样的口无遮拦,有多伤人。

我让他抬起头看着我,但并没有指责他,而是把自己此刻内心真实的感受暴露给他:"听见你叫我死老太婆,我心里很难受。因为我觉得我没有做对不起你的事情,而且我跟你妈妈一样年纪,相信你一定不会这样叫你妈妈。"

对于他这样的孩子,批评指责意味的"你语言"只会激发他的斗志,而表达自我感受的"我语言"也许可以引导他换位思考。

他看着我,眼珠不转动了,眼神里似乎带着一丝歉意。

我不忍心再继续拿这事做文章,其实我知道,他口里的怨气,并非真的针对我,就像课堂作业时间那一声声"哎",一句句"什么玩意儿"一样。这些其实都是他因做不出题目而产生的不悦。与其说是不悦他人,不如说是他在生自己的气。只是,别的孩子只会在心里抱怨几句,而情商不在线的他,就总是如此"心口一致",以致引发误会甚至是纠纷。

所以那天我告诉他,也想说给全班孩子听:"其实我知道你只是想尽快订正完,所以嘴上也跟着着急起来。这证明你很爱学习,很想上进。但别人听过来,会误会你是在骂人,就像你总是讲的那句'什么玩意儿',这样别人心里就会很难受,或者觉得你不文明。我知道你不是故意的,所以这次我原谅你。也相信你一定能慢慢改掉这些口头禅的。"

我又看向全班同学:"你们理解他吗?相信他能一点点改正吗?"善良的孩子们纷纷点头。

那一次正面冲突,也在孩子们的点头中,画上了句号。

其实后来我在想,如果他早一点骂我"死老太婆"该多好啊。如果这件事情早一点发生,女孩家长强烈要求的"换座位事件"也许就不会发生了——

当那一天没有办法说动女孩家长"暂时不要换座位,给孩子一个改正的机会"后,我只能无奈地找到俊杰,告诉他真相。

当时,他也是不看我,只眼珠四处转动。我知道,他大概是真惹她了。即便他觉得那只是"闹着玩"。

我告诉他:"男孩子闹着玩的方式和女孩子不一样。你觉得是闹着玩,别说到了女孩子那里,就算到了老师我这里,也许就变成了'打'我。即便男孩子和男孩子之间闹着玩,也是要注意手里的分量,不然就会引起误会。"

俊杰点头,似乎认同我的分析。而且他表示能理解前同桌的想法,的确是自己不对。这让我很欣慰。

但是他下一个想法却让我为难:"我也可以和别的同学坐的。"

我认可:"是的,你可以。但那是以后的事情。"

然后我这样对他说:"我能理解你很多行为都是善意的,只是没把握好分寸。同学们也能理解,但刚发生过你和前同桌的事件,我不确定同学们是不是一下子能毫无顾虑地接受和你同桌。万一去教室问了,没人愿意,咱们是不是就很被动很没面子了?到时候该怎么办啊?"

那样说的时候,我内心很难受,我知道自己如此残忍地剥开了真相,对一个本性不坏的孩子,真的有点狠。但是,让他直面问题的严重性,这是下一步改变的心理资本。今日的狠,是为了他日的美好。

我宽慰着自己,也如此宽慰他:"我一直知道你是个很善良的孩子,只是有时没有很好地管理自己的言行,但我相信这只是暂时的。哪个男孩子小时候不调皮呢?所以,我懂你的,也很喜欢你的,我想和你做同桌,不知道你愿不愿意?"

他一言不发地看着我,眼神里有拒绝。

我大概知道他顾虑什么,就继续补充:"我们一起坐到某一组的第一排,我们和其他三组的第一个座儿是平齐的,不是单独的座儿。我不会在班级里说你和同桌闹矛盾的事情,我只字不提你'打人'的事儿。只说我想邀请你和我同桌。所以你不用担心大家会多想。以后我批作业就坐你边上，我的红笔就寄存在你铅笔盒里。"

他眉间的"川"字似乎舒展了一些。

感觉自己这样表达很强势霸道，我又补充道："当然，如果你还有更好的办法，也可以说出来，只要这个办法能最大可能地保全你的面子。"给孩子选择的权利，他就不会觉得这事是我在逼着他做。虽然我早就打定了主意，非要逼他进到一定的"绝境"不可。

他想了想，问我："那我什么时候可以和同学坐？"

"很快的，只要同学们看见你的进步了，说不定就会抢着和你做同桌呢！"给他画了个美好蓝图，我也在心里给自己暗暗定了个目标，一定要帮这孩子赢得全班至少大部分同学的心。

后来的日子里，我和俊杰成了同桌。童年是单纯的，其他孩子也没有议论什么，俊杰情绪也一直很稳定。我悬着的心，也放了下来。

课堂上，他依然多嘴，但我常常不再特意提醒他。每当他的声音起来了，我就故意讲得特别动情特别投入。和我抢戏，总归他要嫩一点的。在一次次求关注失效后，他竟然慢慢安静下来了，记板书的姿态倒是认真多了。

课后他依然喜欢和同学们玩闹，我也总是特意多进教室去关注一下。他见我进教室了，有时会拿自己的美术作业给我看，解释给我听他的创意，满是求赞的幼稚可爱。有时他也装模作样地看课外书，开学至今一直是那本《格局》，也不见有进度。我装作不知道，不戳穿，只说："啥时候看完了给我介绍一下书里都讲了啥格局啊！"他笑，我也朝着他笑。

俊杰有好的表现，我也会一次次发钉钉给他家长，并让他自己也看我和家长的对话框，放大这种肯定的力量。但在全班孩子们面前表扬他的行为，我做得并不多。教师的言行，往往影响着孩子们的思维和行为模式。我不想用过于刻意的价值引导，来影响孩子们对俊杰的真实判断。

有时想想也会觉得奇怪，其实我是个急性子，而且是火暴脾气。但对着像俊杰这样的孩子，我的脾气真的上不来，也急不起来。因为我知道，教育这件事情，从来就没有什么神话。冰冻三尺，非一日之寒；解冻，需要一个漫长的春天。

所以就这么慢慢地，来到了九月末，我们班评"进步之星"的日子。我无比期待俊杰能上榜，担心孩子们依然只记得他从前的模样。这种期待有多迫切呢？其实也还好啦，也不过就是在孩子们投完票开始做作业时，我悄悄地翻看了所有的投票，每当出现俊杰的名字，我的心居然会狂跳。

所以，当下课后班干部完成唱票后，我的激动之情一如本文开头所写。此刻，办公室窗外已经漆黑一片。中学部教室的灯火早已通明。晚托时间，中学部的老师正在陪伴着他们的孩子们，这种相顾无言的美好，正如此刻的我在文字中回味我和俊杰这一月的彼此陪伴一样。

此刻可以坦诚地说一句，在开学之初，如何与他相处，是我心头的一处担忧，甚至有一丝害怕。而在一个月之后的今夜，我开始感恩这一场相遇，却再无害怕或担忧。

有什么可以害怕的呢？他是一个成长中的孩子，出现各种问题都是正常的。我是个不完美老师，再被他骂一次"死老太婆"也是有可能的。我们慢慢磨合呗，彼此包容呗，一点点努力呗。

毕竟，曾经这一个月的努力已经证明了，我们的方向至少是正确的。

毕竟，在九月的"进步之星"评比中，我们的俊杰，以28票的得票数，稳居班级进步之星排行榜第一名！

但是，新的担心似乎又来了：如果明天颁奖之后，很多孩子和我抢俊杰这位同桌，那我该怎么办呀！

想到这些，我的心头又是一阵热乎乎的感觉。

那个求拥抱的孩子

课上,反馈基础练习卷成绩。满分的娃娃一个个被点名表扬。

当发到子玲的练习卷时,我连眉毛都舞动起来了:"子玲子玲!快过来!让我抱抱你!"子玲一时间没反应过来。孩子们也是。

我把一脸错愕的子玲拉到讲台边,在孩子们的哄笑声中,张开双臂,给了她一个熊抱。然后,搂着她看向孩子们:"在2020年12月31日放学前,子玲也站在这个位置,问我'老师,我可以抱抱你吗?'她说因为觉得我总是很温柔。"说到这里,我故意顿了一下,等着孩子们各种脑补画面。

孩子们欢笑起来,纷纷点头表示认可。

"在2020年的最后一天里,子玲给了我满满的幸福和温暖。所以呢,今天我也要给她一个拥抱,我想告诉她:你努力的样子真好看!"

子玲在大家的掌声中羞涩地低垂着头。

我拉着她的手:"快来跟大家说说,你是怎么做到接连满分的?"

子玲红着脸挑了挑眉毛,嘴角上扬,开始讲述她这几天是如何完成"逆袭神操作"的。

听着听着,我的脸也跟着红了起来。是的,对于这个孩子来说,这是一场标标准准的逆袭。而对于我来说,这却是一场真真实实的教育,是学生对我的教育。其震撼力,远胜于我以往听过的任何一场教育讲座,或读过的任何一本专业书籍。

子玲是班里弱势群体中的一员。这个极安静的女孩子,语文成绩基本在 70 分左右徘徊，上课从来不会举手，课间她基本一直在埋头忙着赶各科的作业订正，也因此，我很少能听见她的话语声或者欢笑声。

对于她这样的孩子，纪律问题自然是不用担心的，但我也并没有指望她在学业上能有多大进步。

在一年多的接触中，我看见了她一如既往的埋头苦干，但看不见她试卷上分数的提高。这样的孩子，近二十年的教育生涯中，我见过很多，因此也总是特别能理解她一些。

我总是想着：她已经那么努力了，我还要苛责她什么呢？小草的种子，你是不能指望它长成参天大树的。

是的，曾经，我以为，作为她的老师，能以这样平和的心态面对她的欠优秀，用温柔的微笑迎接她永远只能勉强及格的分数，已经是我教育情怀的极佳写照。

直到，她说要给我跨年拥抱的那一刻。清清楚楚记得，在她拥住我的那一瞬间，我很想对她说些什么，却一时失语，最后只能轻轻地对她说一句"谢谢你宝贝了！"话出口的瞬间，我有点恍惚：这个已经教了一年多的孩子，为什么我竟然觉得有点陌生？

仔细想想，除开作业辅导和偶尔的几句鼓励之外，这一年多里，我和子玲有过什么直抵心灵的交流吗？真没有！

印象最深的也不过就是有一次，她写了一篇作文，动情地描述我的一句鼓励对她的影响力。而我也只是在那篇文章的批语中，不痛不痒地向她表达了感谢和又一次的鼓励。除开这件事，我真的记不得自己还曾为她做过别的什么特别的事。我对子玲，一个老师对一个学生，保持着很礼貌的客气和很得体的社交距离。

然而，我曾经那些甚至都算不得是"关心"的行为，在她的眼里，却是那么值得被珍爱，以至于要写进作文，甚至还要来给我一个"跨年的拥抱"。

最令我意外的是，就在那个拥抱之后，她居然像变了个人一样，特别是每次找我批作业的时候，眼角眉梢总带着甜甜的笑意。

她那并不好看的脸上漾起的笑，居然很有感染力，明显地影响到了我。一个认真地带着笑意靠近你的孩子，你怎能不多一些喜欢？然后我也总是带着笑看向她，带着笑表扬她，也带着笑跟她多了几句闲聊攀谈。

没想到的是，仅仅十几天的时间，她的基础练习题，就从原先的一片红叉叉状态，一飞冲天为满分试卷，而且，接连四五次！

这里程碑式的逆袭背后，子玲究竟为之付出了多少努力，她知道，我更清楚！

所以我觉得脸红！羞愧！作为教育工作者，我自然知道，除开智力因素，影响孩子学业水平的，还有"非智力因素"，即如学习兴趣、学习动机、情感、意志、性格等方面。特别是和老师的关系，以及学习时的情绪状态等，对学业的影响力是不容小觑的。

可是曾经，我完完全全忽略了这些东西。曾经，我很少真的去靠近她、了解她，很少去想要真正走进她的内心，去寻找到那个可以撬动她成长的支点。因为从前我总是觉得自己实在太忙了，班额又太大了，我的精力实在有限。更因为，从前我凭借着对她智力水平的主观臆断，认为这是个并不太聪明的孩子，所以也就降低了期望值。甚至觉得自己从不苛责从来温柔，就是我最大的善意与仁爱了。

我却很少去想：就如同那砖缝中的小苗拼命向下扎根向上生长的姿态一般，那些游离在教师热切目光之外的"小透明"孩子，一样在以自己的方式努力着，一样渴望被我们看见，一样需要被我们认可，一样值得被我们温柔以待！

真正够功利！

在种子才刚发芽的时候，一个真正高明的园丁，又怎么会凭借所谓的老经验给正待成长的小苗过早地分出三六九等呢？

面对成长中的孩子，一位真正智慧的教师，在还没有试遍每一种合适的方法，没有给足每一种合适的营养之前，又怎么会轻易地说出一句"小草的苗儿长不成参天大树"呢？

当然，这个故事的结局还算美好——

听完子玲的分享，有的孩子喊起来："老师也抱抱我们吧！"

我大笑起来："行啊，只要你们也像子玲一样努力，拥抱管够！""哈哈哈……"欢笑声荡漾在教室里。

你们或许会质疑：你真以为你的拥抱有魔力？你也自我感觉太良好了吧！

我笑了。我当然知道，这个拥抱的魔力，是专属子玲的，是不可复制的。但我依然要这样承诺孩子们。

因为我明白了，如果老师愿意蹲下身子平视孩子，如果老师愿意给孩子机会靠近你，他们很愿意张开双臂，把老师请进他们的内心世界。特别是那些看起来资质平平的、被我们有意无意忽略掉的孩子。

而那以后，他们的学习生活即便身处逆境，他们的内心也将因我们的存在而多了说不清的温暖与明亮。而由此引发的变化，比如那些漾在孩子脸上的笑意，又或者写在孩子行动中的努力，或多或少，或迟或早，总是会发生的。

而这些道理，是那个默默无闻的子玲，用一个拥抱和一场单方面的努力来教会我的。所以我把这个故事写了下来，警醒自己，也善意地提醒万一和我一样犯过错的你。

植物角的那株芹菜

新学期，班级美化布置要设个植物角，于是，一时间，各色各式花花草草，把小小的"植物角"撑得快成了"植物园"。而当我也想去欣赏一番的时候，却看见一大群孩子围在植物角边上，有的对着植物角指指点点，有的在和同学交头接耳，有的捂着嘴直乐，而有的，早已笑得前仰后合。

我凑近一看，立刻被一盆特殊的绿植吸引住了——一株芹菜！直挺挺的芹菜秆子足有二三十厘米高，菜叶子噗噗啦啦四边散开着，被种在可乐瓶剪成的自制花盆里！

这是哪个娃娃带来的？为什么要带一株芹菜来呢？这里会有什么故事吗？一连串的问题闪过我的脑海。再定睛一看，那芹菜的盆身上，赫然写着两个字——王阳。

王阳，新居民学生，上有读初中的姐姐，下有读幼儿园的弟弟妹妹，靠着爸爸妈妈打工养活一家六口。我的王乖乖，拿我们班大部分孩子的家境来比较，是个"穷人家的孩子"。

也许是因为家庭经济条件不好的关系，才五年级的王阳，比其他同龄孩子更懂事，也更敏感。他学习很刻苦，也很要强。拿同学的话来说，他成绩很好，但脾气很怪，经常会动不动就翻脸，所以，班级里跟他玩到一起的孩子并不多。

想到此处，我的内心充满内疚，这次班级植物角建设活动，一定为难了他！他不愿意当众暴露自己的贫穷，只能绞尽脑汁想出了这么个办法。可当他的芹菜放入植物角之后，依然无可避免地引来了很多同学的坏笑不止。

我该如何处理这场同学眼中的"笑话"呢？我的脑子飞快地转着：班级搞活动，对于大部分孩子来说，是一场狂欢节。但对于像王阳这样因为经济上的困难而有着强烈自尊和自卑心的孩子，则很容易变成最焦灼的时刻。特别是如此次这种涉及财物的活动。

我一边怪自己思虑不够周全，一边问自己：我该如何帮助他化解尴尬，巧妙安抚他焦虑卑怯的心灵？又该如何利用好这次契机，引领他感受到自己与他人的平等，帮助他从老师和同学的尊重与理解中获得被接纳、被呵护、被肯定的感觉？

"孙老师昨天请大家出力建设我们的班级植物角，今天就有这么多植物小伙伴加入了我们的大家庭，说明咱们班的同学啊，都有一颗热爱班级的心，老师要给你们和你们的爸爸妈妈点赞！"如果把王阳和他的芹菜直接搬到台面上来说，我担心这样的特殊照顾太露痕迹，于是我尝试采取迂回的办法，尽量让教育软着陆，让呵护悄悄进行。

"老师想请绿植的小主人们来介绍一下他们的绿植小伙伴！"此话一出，孩子们立刻高高举起了手，一个个开始煞有介事地介绍起自己的绿植来，孩子们也边听边不时举手补充一二。

介绍过了大半，我看着时机差不多了，就开始为王阳的出场做铺垫："刚才大家所展示的，都是从花鸟市场购买的绿植，很美观，但是呢，都不是自己亲手种植或者培育的，所以，老师都给打个 99 分，扣掉 1 分亲自动手分。你们同意吗？"

"同意同意！"听闻自己的绿植能得 99 分，天真的孩子们自然乐开了花。

"说到亲自动手啊，我下面要有请一位能干的同学出场啦！因为那么多绿植中，只有他的是自己动手种植的，所以老师想送他一个词——一枝独秀！"我一边眉飞色舞地表达着，同时一手托起王阳那盆芹菜，另一只手热情地向着王阳招手示意，"来来来，王阳快来给我们介绍一下，你这盆'一枝独秀'的绿植是怎么种成的？"

王阳听闻我夸他"能干"，夸他的绿植"一枝独秀"，涨红了脸，同时有了一些小得意。他走到讲台边，开始连说带比画，向同学们介绍他是如何剪可乐瓶，如何跟房东太太讨要芹菜，如何挖土种植。他介绍得绘声绘色，同学们自然听得津津有味，也早就忽略了他带的不是真正意义上的"绿植"，而是一株芹菜这茬了。

　　他一介绍完，我就带头鼓掌，同学们也跟着报以热烈的掌声。

　　"掌声就是一种夸奖！那你能把你的夸赞，变成语言送给他吗？"我顺势引导着，想借孩子们的力量给王阳更多的肯定和鼓励，温暖和善意。

　　于是，有的孩子夸他动手能力强，有的孩子说他点子多，有的孩子赞他热爱集体……听着小伙伴们真诚的话语，王阳的笑终于绷不住了，他咧着嘴笑得那么开心，小眼睛都眯成了一条缝！

　　我也加入了"夸赞"的队伍："老师觉得，王阳同学的做法，给了我们班级美化布置全新的创意，原来啊，大自然中的那些花花草草，其实只要稍微装饰一下，都可以成为一件精美的艺术品呢！所以，我要把班级植物角建设的 100 分，送给我们的王阳同学！他贡献的植物，虽然美观度也许不如买来的植物，但是创意 100 分啊！"

　　没想到的是，我话音刚落，我们的王乖乖就忍不住喊了起来："老师，你看见过芹菜开花吗？其实芹菜花很美的，白色的，像一把撑开的伞呢！"

　　顿时其他同学也有附和着："是的是的，我在我奶奶家见过芹菜花！""我也见过！很美的！"……

　　就在那一瞬间，我的耳畔忽然响起了央视《经典咏流传》节目中，一群贵州乌蒙山下的孩子们吟唱的那首《苔》——"白日不到处，青春恰自来。苔花如米小，也学牡丹开。"

　　贫困生，不正像那生长于潮湿阴暗处的苔花吗？而我们为人师者要做的，就是把悲悯和尊重的目光多一点投向那阳光照不到的地方，帮助那些家境困难的孩子，丰厚精神财富，让他们的个体获得尊严，生命得以绽放！

　　"王阳王阳！我的王乖乖！你的任务艰巨了哦！接下来，你要负责好好养护好这盆芹菜哦！因为，孙老师和我们班小朋友，要一起等着你，带我们看——"我顺势在黑板上写下了——芹菜花开！

　　故事到这里，还没有结束。就在第二天一早，植物角里，居然又出现了一盆种在饮料瓶里的香葱！盆身上，贴着个名字——张明。哦哦，只有我心里明白，张明的家庭条件也不好。

　　孩子们自然再一次大笑起来。

　　芹菜可以静待花开，那香葱又该如何处理？

　　"张明同学的这盆香葱，让孙老师有了一个新点子！这次的植物角建设很成功，我们要开个小小的庆功宴！明明宝贝，把香葱送我好不好？老师想借你的香葱，明天带给大家一份仪式感！"

　　那天，我捧了张明的香葱回家；那晚，我在厨房里忙活了两个多小时。

　　第二天，当我把用张明的香葱做成的黄油香葱曲奇饼干分发给孩子们的时候，他们兴奋极了。而最兴奋的，莫过于张明啦！他说，要把孙老师做的香葱曲奇带回家，给妈妈也尝尝……

　　看着孩子们一张张开心的笑脸，我的心里也充满温暖。我想，今夜，不少孩子的梦里，也许会有那香葱味的黄油曲奇饼干，会有那盆芹菜花开。

我们一起，与病共舞

当这串字符从我指尖流泻而下的时候，我分明听见了自己内心花开的声音。而这份快乐，来自小凯——那个曾让我哀之恼之更心疼之的男生，来自冬日的午后他发来的一条简讯——"老师，我身体挺好的。老师，我想你了。"

于是，我便也开始了想念，想念他，想念那段旧时光……

新学期，任教五年级，接手了一个并不优秀的班级。但让我最忐忑的，不是班级的成绩，而是班里有个太特别的男孩子。

他就是小凯。因患有先天性心脏病伴哮喘，小凯的身体总是突然就出状况：多次在上课时间突然心动过速，甚至晕倒；课间与同学玩耍稍一激动就会引发哮喘……

因为他的病，即便他不听讲不完成作业，老师们也很少敢批评管教他；课间，也很少有同学敢找他玩；或许因为药物作用，五年级的他，已经高出同龄人半个头，唇角黑漆漆的，有点老气横秋……

他少有笑容，安静、沉默，甚至颓废。花还没开，可好像就要凋谢了。每当看着热闹的教室里独自发呆的他，我的心就会被揪了起来。

后来跟前任班主任打听，渐渐了解了他的故事：因为他的病，家里没少花钱，父母便总是吵架。后来，他们又给他生了个健康的妹妹。有了妹妹后，父母感情没增多少，但对他的关爱却明显地少了。

学习上，因为多年不肯做作业，他每科成绩都很糟糕。语文基础差得更离谱，连最起码的拼音都不认识。但他也有让人刮目相看的时候，偶然兴起时写的几篇习作，虽然错别字连篇，但与众不同的视角和出彩的语言表达，总让我惊喜不已。

面对这样一个训训不得，放又不舍得放的孩子，我一时苦恼至极。

一日晨起赶不及吃药，我便把中药带到了办公室。喝着药，突然茅塞顿开。于是趁办公室只有我独自一人的时间，把他请了来。进了办公室的他显得很局促。我微笑着让他坐下，然后说："你先等我一会儿噢，我得把早晨的药先吃了。"

然后，在他的注视中，我就着水，分几次吞下了十几颗西药。然后告诉他，这是我一天三顿每顿必须服用的药，并告诉他我的甲状腺已经完全坏死，所以得常年服用激素，而人工激素带来不少副作用，所以，我还得靠每天服用中药来对抗激素带来的副作用。聊着，我又慢条斯理地喝下了一大包中药。

他满脸惊讶。

我笑得云淡风轻："生个病吃点药又没啥。如果老师不说，你看得出我其实是个药罐子吗？"

他若有所思地点点头，又连忙摇摇头。

我笑了："你这点头又摇头的，到底啥意思啊？"

他也笑了，很腼腆地看着我："老师，真没想到你原来身体也这么差啊！"

我故意噘起嘴："谁说我身体差了？你没看我精气神足着呢！"又故意压低声音悄悄问他，"同学们私底下是不是夸我很美很阳光啊？"

他几乎是要笑出声来了，努力憋又快要憋不住笑的活泼样子让我一下子几乎要不认识他了。

"你笑起来其实很好看！"我告诉他。

就这样，那一个早晨，我和他聊了很多。

我告诉他我对他的欣赏，特别欣赏他超越同龄人的悟性和写作水平。估计平日里是被忽略惯了，难得有人这样滔滔不绝地跟他讲了这么多赏识的话，他居然羞得脸都红了。

我让他看着我的眼睛。他的眼睛游移躲闪着。我无比真诚地告诉他：虽然老师需要常年服药，但我从来不觉得自己有哪里不如他人。相反，正是因为疾病，我才更懂得时间的宝贵，更懂得努力的重要。看似老天给我的残缺，其实更是财富。

那一天，我给他讲了我的很多事。说到动情处，我眼角含着泪水。看向他，他竟也泪眼蒙眬。

最后，我送给了他一句话："每一个不曾起舞的日子，都是对生命的辜负。"

他离开办公室前，轻轻地跟我说了声："老师，谢谢你！"

含着泪，我笑了。我知道，这个承受着太多病痛折磨的孩子，其实有着一颗无比敏感的心。我的心，他是如此懂得！

再后来，我请班里热心的同学辅导他，只短短一个星期，他就学会了拼音。我又请同学帮他修改作文中的错字，并把作文打印出来，当作范文发给全班同学学习。

再后来，尽管他仍旧是沉默的，但课堂上，他发呆的次数越来越少了。他也开始做作业了，并且，一次比一次做得认真起来。即便偶有拖拉，我也会善意提醒，并允许他第二天立刻补上。

鉴于他家庭的特殊性，我没有正面和他父母谈他的问题。但只要小凯有点滴进步，我便会立刻给他父母发喜报。是的，喜报。从来报喜不报忧。

空闲时，我还是会去找他，有时是表扬他的进步，有时是询问病情，有时会问他最近看些什么书。当然，大部分情况下是我在说，他只是听。但只要看他的眼睛，我就知道，他喜欢和我这样交流。

在我和全班同学的共同努力下，到第二个学期，他已经能坚持每天完成回家作业了，期末分数居然超过了班级平均分。但最令我高兴的是，还是在日常的课间，我能看到有同学爱陪着他聊天了。甚至有一次，我还听他在眉飞色舞地和同学们说他的妹妹有多调皮，爸爸妈妈怎样怎样。

那一刻，我笑了。笑得那么开心，虽然眼里，泪花翻滚。

从严格意义上来说，与小凯，算不得我成功的教育引领，而更像是我与他作为"病友"的一段彼此鼓励，相互陪伴的历程。我没有教给他怎样去运用心理学的方法来自护自助，来战胜病痛，战胜内心的惶恐与不安、孤独与无望。我只是和他分享了我的故事，分享了我对他的欣赏和爱惜。甚至一般教育中常用的"家校联手"策略，我也是犹豫的。对于饱受孩子病痛带来的精神、经济折磨，已身心俱疲的父母来说，我过多地干涉父母的教育观念，未必是明智的，甚至更可能是无异于揭伤疤般的残忍。但我相信，那一条又一条报喜的简讯和后来小凯与同学笑谈父母、妹妹的画面，一定是一段美好的因果关系。

育人之路，道阻且长。我没有过人的智慧和才学，唯愿，捧虔诚之心，能用我的积极情绪，去感染每位曾折翼的天使，助他们的生命，舞姿翩跹。

不完美小孩和不完美老师的故事

寒假里的一天，微信上跳出一张山村雪景照片和一串文字："老师，我们老家下雪了。你看雪景美吧！"

是那个叫雨薇的新居民学生发来的。在打着空调还嫌冷的南方冬季，收到这样的微信，心底里却实实在在暖了起来……

老师，给你纸巾！

初见雨薇，是她五年级，我新接手她的班级。雨薇，多好听的名儿啊，实际却"名不副实"：黑黑瘦瘦矮矮的她，几件洗得褪了色变了形的衣服轮换着穿，一根粗粗的马尾快拖到了腰际，似乎更显得这孩子有点营养不良。

她坐第一排，上课就咬着手指头晃荡着她的两条小短腿，很专注地盯着你看。也爱举手，但回答却总是牛头不对马嘴。五年级的娃娃笑点低，所以每次雨薇的回答都能招来同学们没什么恶意的笑声。

而她呢，似乎也不在意同学们的笑，依然爱举手。而我总是不忍心视而不见，一节课请她一次总是会有的。为了不挫伤她的积极性，我也总会给她一些激励性的评价语。但她这样的积极和专注，和她的学科成绩却不成正比。就拿听写词语举例吧，明明昨天好不容易过关的词语，今天再给她听写，又错得离谱了。

总是安慰自己，再不济也是自己班的娃啊，好歹她也是在努力的，只是暂时还未开窍吧。可有的时候，我也的的确确有些受不了她。

入秋了，她鼻炎犯了，每天都拖着两管鼻涕，上课听课出神的时候，偏巧鼻涕跑出来了，只见她拿舌头一舔——没了……或者抬起手臂一擦，嗯，又没了……偏她又下课没事爱往我身边靠，伸出刚擦完鼻涕的小手，帮我理理批完的本子啊，替我拍拍衣服上的粉笔灰啊……

说实话，胃里真心翻滚啊！我就悄悄找她谈："雨薇啊，不兴拿袖管擦鼻涕的哈！咱要做个讲卫生的小淑女哈！"她听了咧咧嘴，嘿嘿嘿地直笑。后来我就开始每天揣包小纸巾进教室，看见她鼻涕出来了，就递上一张。她倒也没觉得不好意思，每次都很自然地接了过去，快乐地说声谢谢。一段时间内，这似乎成了我们之间的默契。

可她有时候接过纸巾就旁若无人地擤鼻涕的行为，更叫我犯晕。无论课上课下，她可不在意这些，想擤就擤。我于是只能课下再把她拉到无人处："小姐姐啊，你下次擤鼻涕能不能轻一点啊？或者躲洗手间去啊？小淑女要不要做啊？老母亲心累啊！"

她就哈哈哈地笑了起来，然后嗯嗯嗯地直点头。可是过不了几天又故技重施。等我上着课皱着眉头盯着她时，她才恍然大悟地连连做鬼脸吐舌头。哎，这孩子啊！

入冬的一天，兴许是穿少了，孩子们做着作业，我也正批改中，突然感觉鼻子有点湿湿的。一摸口袋，居然没带纸巾，好吧，只能用手指轻轻碰触一下冰冷的鼻尖，好掩饰过这份尴尬。就在这时，一个小小的身影出现在了我身边，只听她悄悄地说："老师，给你纸巾！"

原来是坐在第一排的雨薇！这丫头眼睛贼尖啊，我如此小心翼翼的举动，居然没逃过她的眼睛。

那节课后，我向她表示感谢："谢谢你这么贴心！得亏你今天准备了纸巾呢！"

"我每天都准备的！"她得意地说，"我就知道总有一天，老师也需要我的帮助！老师，你以后进教室不用带纸巾了，用我的吧！"

我故作生气："啊你个小坏蛋！你每天都准备，怎么还每次都那么不客气地接受我的纸巾啊！"

"哈哈哈！"她笑得很欢畅，"老师的纸巾香！"

我也跟着她笑了起来……

老师，我也要报名！

临近元旦，学校要举行一场才艺秀，发动各班报名。然后那晚，雨薇就在班级微信里嗨翻了：

"老师，我报唱歌可以吗？"

"老师，我觉得我跳舞也行的。"

"老师，我画画也很好的！"

"老师……"

班级群俨然成了她一个人的口才T台秀。好在其他家长估计都或多或少了解她一些，所以都很善意地沉默着，不然这群里不得乱成一锅粥了！

我连忙@了雨薇，并向全体家长再次解释此事，意思是此次推荐的才艺秀，必须是在各级各类比赛中获过奖的节目。

群里一阵沉寂之后，雨薇又来找我了，哦不，看语气，这次应该是雨薇的家长："老师，那跑步行吗？我们家孩子跑起来贼快的！"

我感觉自己都要哭了。一个萌娃还不够我受的，怎么又来个萌爸（妈）啊！我的一番解释，他们根本没听进去，又或者……听不懂？

我终于彻底明白了雨薇为何平日里总是如此呆萌！摇头苦笑之余，心底里某处却更加柔软了起来。我想我无权选择家长和学生，所以，每一次遇见，是惊喜，或者惊吓，我都该欣然接受，然后尽力去好好陪伴一路，呵护一路吧！

我回复孩子家长："感谢你们这么热情支持和参与学校活动哦！明天我会和孩子再谈一谈，看看她适合参加什么，好吗？今晚就先让宝贝安安心心做作业吧！"

第二天一早，我就找来雨薇，向她了解情况。果不出我所料，她并没有学过什么才艺，而且连校级的台都没有登过。我只能这样处理："老师知道你很想为班级争光对不对？但这次学校要求是必须在大型比赛中获过奖的，可是我们雨薇暂时还没有拿到过奖。你那么喜欢唱歌跳舞画画啊，老师想邀请你在班级里的元旦联欢中为大家展示，好不好？"

一听能展示了，小雨薇兴奋得直挥小手。

元旦联欢，雨薇如约登台，献唱《隐形的翅膀》。小小的她，穿着旧旧的衣服，站在装饰得五彩缤纷的教室中央，显得那么格格不入。但当她一开嗓，我的眼眶立刻湿润了——轻轻柔柔的声音，从她小小的身躯里缓缓流淌出来，每一个音，似玉，如珠，圆润，甜糯，就那么把我包裹了起来。我确信我是第一次听见，一个孩子的清唱可以如此丝丝入扣，直击人心。我还确信，我仿佛真的看见了雨薇的身后，有一双隐形的翅膀在闪耀。

联欢结束后，我把她叫到身边："怎么这么好听啊！像百灵鸟儿在歌唱一样！"她开心地说："谢谢老师！"

我也看着她笑："要谢谢你啊！让我发现了一个'音乐天才'！以后班级联欢，你可是保留节目了哦！"

还有些话，我没有勇气对雨薇说："对不起！因为我的刻板守旧，因为我的有色眼镜，我武断地残忍地剥夺了你本可以在校级舞台展示自我的机会！如果还有下一次，我一定会跟学校申请，破格，为原生态自由生长的你，争取一个闪亮登场的机会！"

与雨薇的故事，其实还有很多，遗憾也有很多，就比如，期末考，平时作业认真完成，上课专心听讲的她，只勉勉强强得了个及格分。我还为此失落了很久。可今天在收到雨薇信息的瞬间，我忽然释然了，也莫名地高兴了起来。细细回想我和她这一程的相伴，其实我还是有很多收获的：

1. 教育，再高明的技巧，莫如一颗老母亲的心

学习上笨拙，生活中呆萌，雨薇，是个不折不扣的"问题生"。细细回想，对待她，我有用什么高明的"后进生"转化技巧吗？

真心没有。甚至最初,我都没有动"转化"她的念头。课间的温情以待,课上的真诚邀请热情鼓励,其实都出自老母亲的本能。也许她"类营养不良"的外表和热情似火滔滔不绝却离题万里的回答,让我想到了同样身形瘦弱、因零基础入学而最初同样听不懂课的儿子。

总之,自始至终,我都没有把她置于管理的对立面,把她当作需要被教育被改造的对象。我与她之间,更像一个带着苦笑依然耐心等待的老母亲和一个不着急长大的屁小孩。我放弃了对她学业成绩的功利期待,接纳了她身上各种各样的问题。每一张递过去的纸巾,每一句细声细语的叮咛,都像对待自己的孩子。

2. 教育,是一场"不完美小孩"和"不完美老师"间的彼此救赎

你看雨薇这孩子,长得真不讨人喜欢,成绩也顶糟糕,而且个人卫生习惯还不好,她就是个不折不扣的"问题小孩"。可是她的笑声那么清亮,她的眼神那么澄澈,她听课的神情那么专注,她还那么用心地等待着机会,回馈我的举手之劳。

可再想想,我不也是个"问题老师"吗?我潜意识里的以貌取人,我面对她的糟糕成绩只会同情和无奈,面对她"鼻涕虫"事件极力掩饰的反感……

回想她当初递给我纸巾时的表情,脸上是带着笑啊,那种终于有机会帮我一把的成就感啊!我想那一刻,她心底里肯定不会像我当初递给她纸巾时心底里升腾起的"真脏"二字……

谁说老师一定优于学生?在雨薇这个文化课都只能勉强及格的小屁孩面前,我照见了自己灵魂深处的世故与浅薄。

羞愧,却又欣慰。

和雨薇这样的不完美小孩在一起,能发现同样不完美的我,这不正是教育者的快乐所在吗?发现彼此的不完美,彼此包容,彼此鼓劲,然后一起,努力生长!

第五辑 经营家长的希望

在这间自由生长的教室里：

教师，是家长的教育同盟军，是家庭教育的指导师，更是家长希望的经营者。

在家校联动中，教师一边推动着家长的提升，一边推动着孩子的进步，这便是推动教育最美好的姿态。

遭遇"贪玩"家长——韧字当头

从教近二十个年头,像小诗妈妈这样的家长,我还真是头一次碰到!

小诗,新居民学生,漂亮得堪称校花级别,人也灵气,但学习习惯却很差,经常不完成作业,学科成绩居中等。

多次找小诗谈心,得知小诗父亲常年出差在外,她跟妈妈和姥姥姥爷租住在妈妈的单位宿舍。她妈妈晚上经常出门玩,半夜才回家。

前任班主任告诉我:小诗不完成作业是常态,也曾多次联系家长,可她妈妈非但不配合,还会怼老师。老师们不敢再多管,只能尽力保证小诗在校作业完成,至于家庭作业,也就只好第二天让孩子能补多少是多少了。

获悉此情况,我心里不由得犯嘀咕:这年头哪个家长不望子成龙望女成凤?自己贪玩不顾孩子学习?小诗母亲,究竟是个怎样的女人?

主动沟通:遇冷

前任班主任再三提醒"这个女人很难弄",着实让我心里犯怵,但也不能因此任由小诗懒惰下去,荒废了自己!考虑到小诗爸爸常年出差,小诗作业的事,我也只能与小诗妈妈谈。

自觉准备颇充分后,我给小诗妈妈发了短信,预约电话沟通。短信如石沉大海,整整一天不见回复。我的心,也像石头般沉了下去。

直到第二天晚上,才接到短信说"现在方便",我居然有如获至宝的喜悦。电话接通,小诗母亲声音冷冰冰:"老师你好,是小诗又做错事了吗？"

我如梦初醒，反思自己之前短信没有表达清楚，让小诗妈妈误以为我是奔着"告状"去的，便连忙表示我是来报喜的。随后，我跟她罗列了近阶段小诗在班级里的热心行为，还有上课时的专注听讲，以及课堂作业的正确率高等等。

小诗妈妈默默地听完我的滔滔不绝之后，说了一句："其实我家孩子本来就很聪明的！她脑子灵活着呢！"语气里满是骄傲。

我接过她的话茬往下说："是呀，是很聪明的！所以啊，如果她能坚持完成作业，就会成为班级里最优秀的孩子了！所以要麻烦你还是每天给孩子的回家作业签一下字……"

正当我边说还边在为自己善用"三明治效应"进行家校沟通而沾沾自喜时，不承想小诗妈妈已经在电话那边炸了锅："你说什么？她还在不完成作业！我跟你说，她骗人最厉害了！每次问她她都说完成了，结果又在骗人！我真是要气死了！"那一刻，隔着电话听筒，我仿佛看见了她头顶升腾起的熊熊怒火。

她还说："老师，孩子的学习主要靠你们老师的呀！我文化程度很低的，看作业还得辛苦你们！"

这样的言论让我一时无语了，感觉如果再和她对话下去，估计我也会跟她互怼起来，就立刻收住话题。我再次表示此次电话主要是为了表扬孩子，同时老师一定会竭尽全力，也请家长尽到职责，便收了线。

第一次对话，我一腔热情，却铩羽而归。心里真叫窝火！怎么会有这样的母亲！

我跟爱人抱怨，他对我说："像这样的孩子和家长，你做得问心无愧了就好！"

真诚辅导：破冰

回味着爱人宽慰的话语，"问心无愧"，我真的尽力了吗？并没有！第一次对话失败,那我就创造机会再一次对话嘛!

这一天,小诗又没有完成作业。问原因,说做不出来。而我知道,这些作业对她来说,其实并无难度。我没有揭穿,反而顺着她的思路往下说:"做不出来没事的。有老师在呢!今天傍晚放学后,你到我办公室里来,我给你一题一题辅导,一定能搞懂的!"

随后,我给小诗妈妈发了短信,首先依然是罗列孩子在校时上佳的表现,然后告知她傍晚我会给孩子辅导几个难题,会晚一点出校门。

这次,信息很快就回过来了:"好的。谢谢老师!但这样我就赶不上接她了,你叫她自己走到我厂里吧!"

小诗到我办公室里后,先是磨磨蹭蹭,似乎她真的不会做那些题目。

我也不催她,只跟她说:"老师手头有点急事要做。你要么先回忆一下我教的方法,先试着自己解决一下看,这样我们彼此都能节省时间,都可以早点回家。如果实在做不出来也没事,你等我忙完了再教你吧!"

然后我就自顾自忙了起来。而坐在另一个办公桌上的小诗,在沉默了一会儿之后,似乎想明白了什么,也飞快地动起笔来。

我笑了。既给她台阶下,也让她看见自己的能量,更让她知道家庭作业这件事情,即便逃得过昨天,也逃不过今晚。但愿我这样的"留校",真的能对她有所触动。

冬天的傍晚,天暗得极快。等我陪着小诗补完作业,窗外已经暮色四起。我不放心她独自回家,便驱车将她送到了厂门口,并再次给她妈妈发短信:"小诗我已送到。难题最终都由她独立解决,感觉都没我啥事!开心!点赞聪明又肯动脑的娃娃!"

不出所料,那晚的作业,小诗全部完成,虽然字迹潦草,好歹是个进步。我也很欣喜。但更让人觉得欣喜的是,一向不肯给作业签字的孩子妈妈,居然也破天荒地签上了大名。

借力微信:互动

小诗连着一个多星期都认认真真完成家庭作业了!我尝试运用焦点解

决技术，一步步引导她，先问小诗是如何做到的？她告诉我：妈妈最近几天晚上都在家陪伴她。我欣慰之余，引导她："妈妈很爱你，为你放弃了自己的休息时间！而且你看，妈妈并没有教你题目，你却能把回家作业做这么漂亮，说明你自己有这个能力哦！"

我还主动加了小诗妈妈微信，附留言：分享喜悦的时刻！不一会儿，通过申请。我二话不说，将之前拍摄的一组作业照片一股脑儿发了过去，最后留言："一天比一天自信的乖娃！一天比一天尽力的美妈！"

她回复了几个字："谢谢老师！"

我突然意识到，自己这段时间来的努力，然后等她回复的心情，真如恋爱中的人等情人的信息般急切。爱人打趣我："你这是用情太深！"我心里默默念叨，只要她能真懂我的心，这样的用情至深，便是值得！

加了小诗妈妈微信后，我常将小诗在校的情况拍照或视频发给她，点滴进步也尽量夸大了表扬，从不吝啬溢美之词。我想让她看见，小诗有多想做个好孩子。

我也会给她的朋友圈点赞，有时评论。我想让她知道，我和她，通过孩子、为了孩子，是可以成为朋友，成为孩子的成长合伙人的。

我还常在自己朋友圈发有关家庭教育的推文。其实我本意就是发给她看的，但我不能直接私发她，面对她的敏感和火暴脾气，直接推给她，等于暗示她做得不够好。对于这样的家长，有的时候，迂回才是明智的沟通方式。我不懈地发着，每天一到两篇，我知道她不会全看，但我依然怀着美好的期待，期待着她也许会点开其中一到两篇。那时，或许，就有其中一些内容，能让她从中受益。

遭遇反复：追问

工作之余，我点开小诗妈妈的朋友圈，一条条看，基本得出结论：爱美爱秀，秀自拍，秀奢侈品，秀生活的方方面面。一句话概括——自己还是"大孩子"的"85后"家长。

于是我很担心，小诗的好状态，可以持续多久？

果不出我所料，半个多月之后，小诗又开始不及时完成作业了。而我恰巧在这段时间看见小诗妈妈在外旅游的照片：沙滩上，穿着比基尼奔跑；椰林里，喝着饮料自拍……

我找小诗聊。她不无骄傲地告诉我："公司老板奖励妈妈海南旅游去了！"末了眼神里却又闪过一丝落寞。

我的脑海里突然闪过一种想法：父亲常年不在身边，母亲又经常只顾自己玩，小诗很可能是在用不完成作业这种方式来进行无声的抗议。所以，只要母亲晚上外出，她就会不完成作业，甚至宁可第二天被老师批评。

作为老师，我无权干涉家长的生活方式，家校之间的边界意识我是明晰的。但如今，小诗妈妈显然严重影响到了孩子的学习状态。我又该如何艺术性地介入，让之前的好状态延续下去？

一方面，我需要通过一定的心理疏导，帮助小诗正确看待自我和学习。而对小诗的心理疏导过程，离不开她妈妈的参与和帮助。解铃还须系铃人！

正巧家长会将近，我本就计划为每位孩子录制"我的心里话"音频，想给家长们一个惊喜。在辅导小诗录制时，我便鼓励她将如何渴望妈妈陪伴的心里话说了出来。

家长会那天，当播放到小诗的录音时，小诗妈妈脸上的神情明显激动，听着听着，她眼圈泛红了。

原本我以为，小诗妈妈会留下与我个别交流，结果她集体活动一结束就匆匆走了。

正当我一边无奈一边叹息的时候，她却发来了微信："老师，我想早点回家陪小诗，就先走了！谢谢你为我准备的这份惊喜！我很感动，也很内疚！"

我的心儿怦怦怦地跳得欢悦起来！我的良苦用心，她终于懂了！我与小诗妈妈的情感链接点，终于真正建立起来了！我按捺住激动的心情：

"你这么在意小诗的学习,小诗一定高兴坏了!我也高兴坏了!"

随后,我比较委婉地跟她谈了我对小诗作业问题的看法,并以自己童年经历作比,告诉她:童年生活里缺爱的孩子,会将不安全感带到成年,甚至带入婚姻。家人的高质量陪伴,是女孩子精神世界富足的最好养分。

然后我给了她如下建议:第一,尽可能多陪伴,不仅要陪伴小诗做作业,也要陪伴小诗做游戏、阅读、出游等,尽可能多地满足小诗的情感诉求。第二,就家庭作业问题,和孩子商量着约定一些家规,然后按我推荐她的"评估""实施""强化"的步骤,一步步严格执行。哪怕妈妈有事外出,也要想办法严格执行。

她应允,并承诺会一一照做。

持续关注:期待

当我记录下这些文字的时候,家长会也才过去半个月,在这半个月里,小诗妈妈真的做到了天天签字,很少外出,而小诗在学校里,笑容也灿烂多了。

我依然心有顾虑,找了科任老师谈此事。我想联合所有科任教师的力量,一起帮助小诗提升学科成绩,这无疑是对小诗妈妈最好的奖励和强化。

科任和前任老师都问我:这样难缠的家长,你是用了什么好办法搞定的?

我苦笑,我哪里有什么好办法!如果真有,大概就是"死缠烂打"吧!作为教师,我们没有权力选择学生,更没有权力选择家长。当遭遇这样不成熟的家长时,也只能"家长虐我千百遍,我待家长如初恋"了!并且,我还警觉到:小诗妈妈固有的生活方式,一定会让陪伴事件出现多次反复的。好在,我已经做好了思想准备,忍得住自己的暴脾气,耐得住家长的冷淡,掏出一颗火热的真心,只要我"韧"字当头,哪怕对方是冰冷的石头,最后一定也能留下一点我的温度吧!

"家暴"的背后

小意，内向，从不惹事；作业认真，正确率高，成绩优良。但继上个单元只考了80多分后，整个人完全不对头了：上课低垂着脑袋，作业字迹也潦草起来；课间也愁眉紧锁，而且有意回避我的眼神。这孩子究竟怎么了？

我把他请到了我办公室。可没想到，我才说了一句玩笑话"常胜将军吃不起败仗啊？"他就立刻眼圈发红："还不是叫我爸爸给打出来的！他总是这样对我！考不好就打！"然后扭头走到了窗口呜呜地哭了起来！

我下意识地望向窗台的高度，不知道自己在担心什么，也不知道自己该说些什么。只能扯了几张纸巾递给他，然后默默地任由他抽噎着。

沉默中，看见了摆在办公室醒目处他教师节时送给我的贺卡：

那是一张手工贺卡，立体的结构，精美的图画，温馨的祝福语。九月头还是新接班不久，我一度还以为是哪个心灵手巧的女孩子送的。当得知此作品出自高高壮壮的大男孩小意时，我意外而欢喜。而此刻，再看向那张贺卡，我却多了很多担忧：细腻敏感的男孩子，因分数而屡遭家暴，情绪易失控……我不敢想下去，只觉得自己必须做点什么。

冰山理论告诉我：小意父亲家暴的行为，小意剧烈的情绪反应，就像冰山露出海平面的部分，而追根求源，探索隐藏于水底的八分之七，才能找到问题背后的真正成因，才能"对症下药"，真正帮到小意。

充分准备,追根求源

我找了前任班主任及现任的任课老师们了解情况,于是发现了一些很值得思考的现象:

第一,家教甚严。小意的学习由父亲管,考不好会挨揍;平时作业正确率很高,但考试经常发挥失常。

第二,母爱错位。母亲是全职太太,主要负责照顾小意仅两岁的小弟弟,基本不过问小意的学习。

第三,自身苛求完美又内向自卑。小意很少主动回答问题,除非答案完美;课间常独自在座位上做作业或看课外书,很少与同学攀谈或嬉戏玩耍。

看似乱象丛生,但细细梳理后我意识到,千丝万缕的问题中,"家暴""自卑"是当前最需要解决的两大问题。

严重的"家暴"问题,我之前很少接触。意识到自身在这方面缺乏经验后,我上网搜索,翻阅书籍,收藏、打印、记录……做了很多功课。

与此同时,我还把前任现任老师们给予小意的积极评价一一梳理并记录下来,又将孩子日常作业的优秀表现拍照存档,并悄悄用手机拍摄下孩子课间认真阅读的镜头。

艺术对话,拉近距离

在做了大量准备工作后,我通过钉钉私聊向小意爸爸展示了孩子日常学习生活的照片、视频,以及老师们对小意的评价语。我告诉他,老师们有多么喜欢小意,孩子有多么懂事,并感慨小意爸爸一定投入了大量心血,才把孩子培养得这么优秀。我期待着通过对小意的正向评价,来拉近家校之间的关系。

好在,我的用心没有白费,我对孩子和家长的真诚赞美,让小意爸爸意外又激动，当即给我打来电话，跟我大倒苦水：诉说他一个人养活一家四口人的不容易，感慨自己当年几分之差中考失利带来的半生遗憾，以及对孩子的高期望和低回报等等。他还絮絮叨叨了很多家庭琐事。

我惊觉这是一位怎样不堪生活重负的父亲啊！问题的复杂超过我的想象，电话中三言两语无法说清。于是我再次肯定了他的付出，并约他得空来我办公室坐坐，表示想和他多聊一些孩子的教育问题。

搁下电话，我择优将收藏的有关家暴的文章发送到了朋友圈。与其说教，不如影响。这些文章，或许会引发他的一些思考，或许能为下一步面谈做好心理建设。

果不出所料，就在第二天，他便在接娃时间来到了我的办公室。这一次，我没有再兜圈子，直接跟他描述小意那天的言行，同时表示了我的担忧。

小意爸爸却并不惊讶，他说自己也有这样的担忧，每次打完孩子他都后怕，为此还特地给小意的房间安装了防盗窗。他说："我也不想打他啊！但恨铁不成钢的时候，打一顿是最好的解决办法了。"

我听得心惊肉跳，连忙宽慰他："孩子目前问题还不严重，只要家校合力，就一定能有所改善。"

真诚探讨，观念纠偏

我首先跟他交流了自己的两点想法：

第一，跟过去的自己和解，不让孩子替自己圆梦。

即便小意爸爸现在已经是一家服装厂的行政管理人员了，但他依然对自己当年中考的失利耿耿于怀，自责当初自己的年少不懂事。他非常希望儿子不会重蹈他的覆辙，便非常严格地要求小意，考不好就揍，以为这样就能让孩子努力上进。

我问他："你在羡慕那些做大老板做公务员的老同学时，你有没有想过,你厂子里又会有多少员工正在羡慕你的管理者岗位?"我建议他去思考,如何与过去的自己和解,并认可自己当下的努力。我告诉他:每个孩子都应该拥有属于自己的人生,父辈不能把自己的梦想寄托于孩子身上,逼着孩子去圆家长的梦,让孩子活成自己的翻版。这对孩子是不公平的!

第二,蹲下身来看孩子,读懂孩子真正的需要。

我跟小意爸爸交流:我很欣赏他为小意的将来做了长远规划,的确,明晰的人生规划影响着人生的走向。但我也跟他探讨:究竟什么才是最佳规划?我想一定不是最有价值那个,而是最有可能实现那个。即便家长的规划再美好,但若孩子不认可不执行,甚至反其道而行之,这样的规划,有还不如没有好。与其擅自做主替孩子规划好人生,不如蹲下身来听听孩子的想法,和孩子一起制定他乐意接受并愿意为之努力的目标。

指导方法,助力家教

听了我的这番话,这个爱子心切的大男人竟然像个孩子样对我说:"老师,我也不想打孩子啊!可是不打我也没别的办法啊!你教教我,究竟该怎么管他?我听你的!你咋说,我就咋做!"

于是我和他探讨了一些方法:

方法一:增强孩子自我肯定的能力

针对小意的自卑,我引导小意爸爸:其实人人都自卑。适度自卑能帮助人准确定位自我,驱动人不断进取、超越自我。所以我们目前只需稍稍调整一下小意的心理状态,增强小意自我肯定的能力。

我建议小意爸爸给孩子设一本《闪光的童年》记录本,具体如下:

小意的闪光童年

日期	小意的心语	家长的点评

"小意的心语"：由小意记录每天自己的闪光点。这里需要跟孩子说明的是，童年里值得骄傲的事情并非一定是高分，任何点滴小小的进步，以及为进步而做出的努力，都值得记录并珍藏。

"家长的点评"：每天由父母对孩子的闪光点进行书面点评表扬。表扬内容必须具体，要讲清棒在哪里，比如："你今天的作业字迹比昨天端正！"这里需要跟家长说明的是，表扬必须父母都参与——小意受困于父亲的苛刻，因此父亲真诚而有力量的表扬便是卸下小意心理包袱的一剂良药；而小意母亲之前主要精力在二宝身上，一直缺席小意的学习生活，当下必须及时把之前"欠下"的爱郑重其事地弥补上。如此，既有严父的正向引导，又有慈母的温柔支持，对于小意来说，这才是自信心树立的最好助推器。

我还建议小意爸爸为孩子搭几个"展示台"。

小意的写作水平很高，每回被评为范文他都很激动，并常常流连于班级展示栏前。这不正是小意的心理能量源吗？我和小意爸爸商量，能否让"习作高手"这份荣誉感充分激发小意的自信心：

第一，家中布置一个作文展示台。接下来凡是被当作范文的习作，我都会替小意多打印一份，请小意爸爸亲自为儿子贴入展示台，让小意在家中也时时能自我感觉良好。

第二，家长朋友圈晒作文。不吝美词地在朋友圈晒小意的作文，借用亲友的点赞和评语的力量，帮助小意认清自己的优势力量，逐步调整对自我的认知状态。

第三，私人定制作文集。建议小意利用空余时间，整理出自己近几年优秀习作的电子稿。由家长陪着联系广告公司帮忙设计，打印装订成册，在班级展出。

方法二：帮助孩子摆脱考试焦虑

我跟意爸交流，考试焦虑按程度可以分为"苗头或征兆""典型现象""形成心理定式"等几个从低到高的等级，而小意目前还在初级阶段，所以问题并不严重。

分析小意的考试焦虑，我认为并非因为能力不足，而是亲因性和心因性的，即更多源自家长的过度焦虑和孩子恐惧失败害怕家暴的心理状态。因此，从家长层面，我建议小意爸爸做两点努力：

首先是"解除关系"。

这里的"解除关系"，是指解除小意爸爸对小意过高的分数要求。我引导小意爸爸认识到：考试焦虑的内在，其实是孩子对亲子关系的焦虑。真正让小意担心的不是考试本身，而是担心因为没有达到预期目标，就会得不到父母的认可，得不到父母的爱，而且会招致暴力。

所以小意爸爸当务之急是，务必无条件地接纳孩子在分数上的起起落落，理性看待分数。特别对于小意这个年龄的孩子来说，人生道路才刚刚开始，未来的日子还很长，家长关注孩子的身体健康、健全心智、积极向上的人生态度等，比起单纯关注成绩，无疑要更加科学、更加有意义和重要得多。

其次要学会"伪装"。

小意爸爸问我："大道理都懂，小情绪难以自控，怎么办？"

我回答他："装！再焦虑也要伪装成云淡风轻！"

情绪是会传染的，焦虑更是。特别是在关系亲密的人之间，焦虑情绪的传染性更强。考试前父母表现得很焦虑，很在意考试分数，那么深爱父母的孩子感受到了父母的焦虑，也就会跟着焦虑不安起来，因此也就特别在意分数，特别害怕失败。

我把耶基斯-多德森定律——"倒 U 形曲线"画在白纸上，并给他解释动机强度和考试成绩的关系。我再三要求小意爸爸，一定要在考前掩藏好自己的焦虑情绪，切忌对小意进行千叮咛万嘱咐的"考前嘱托"，尽量避而不谈与考试有关的话题。实在忍不住时，脱口而出的也要是"尽力就好"之类的积极暗示语言。

同时要求他们夫妻拿到分数后，无论结果如何，理性分析、多多鼓励、杜绝埋怨。

方法三：进行家庭教育主题学习

小意爸爸是个深受中国传统家教观念影响的典型农村父亲形象，深信"棍棒底下出孝子"。而除开此家教理念，再谈别的育儿经，他除了憨憨地挠着脑袋，就无话可说了。

而仅凭借学校方面施加的影响，毕竟是杯水车薪，远水难解近渴。授之以鱼，不如授之以渔。我跟小意爸爸讲述了自己在家庭教育中遭遇的多次"滑铁卢"，坦言自己也一直在问题中摸索前行。我宽慰他，身边有太多看似成功的家长，其实都是在一边陪伴孩子成长，一边自己也努力地成长。我努力地引导他从积极的角度看待问题，将孩子的问题看成孩子和家长最好的成长机会。

我给他推荐了自己阅读后颇为受益的几本家教书籍，还把私人收藏的一些家庭教育线上讲座分享给了他，建议他在陪伴孩子做作业的时候也进行一些学习。

"家长好好学习，孩子才会天天向上。"我笑着告诉他，这是我自己跌过跤之后学会的家庭教育真理。

心理矫正，扭转认知

认知心理学派研究认为，个体消极与错误的认知机制是导致自卑的最核心因素。因此，在指导小意爸爸改变家教方式的同时，我也尝试从心理学角度寻求突破点，通过一些心理干预策略，帮助小意扭转错误的认知模式。

1. 日常"微辅导"：引导"自我关怀"

"自我关怀"理论由美国德克萨斯大学的奈弗教授提出，指像对待自己的好朋友一样对待自己。自卑的人往往对自己过于苛责。小意就是如此，他常常会因课上一个题目回答得不完美，或者课间被老师批评了一句，就一脸气呼呼，有时甚至不住敲自己的脑袋。

我便一次次找他聊天，一次次引导他思考：刚才课堂上，如果是你的好朋友回答错了问题，你会对他说什么？如果是你的好朋友被老师批评了，你又会对他说什么？希望通过这样的训练帮助他学会宽容自己，鼓励自己，悦纳自己。

2. 召开"微班会"：开展同伴教育

其实对于家长普遍缺乏先进家教理念的农村孩子来说，挨揍是家常便饭。而对于五年级的孩子来说，同伴教育的力量已经不容小觑，我为何不借用集体的力量来对小意实施影响呢？

利用晨读时间，我将自己的困惑暴露给全体学生——

师：我儿子总是很淘气，有时我会揍他。但每次打完我就自责，觉得自己不是个好母亲。你们怎么看？

生1：老师，你是为了你儿子好！等他长大了，他一定会明白你的良苦用心！

生2：老师，其实你再揍你儿子，他也不会真的生你气。我就是这样的。哪怕你打他的时候他会在心里骂你几句，等这事过了，他就又会很喜欢你了！

此言一出，引来一片哄笑声，很多孩子同时附和着："是的是的！"

生3：原来老师的儿子也会挨揍啊！（引来一片笑声……）

师：那你们挨过父母的揍吗？挨过的举手！

我望向教室，小手林立一片。这回轮到我笑出声了。天下的妈妈都是一样的啊！

于是我顺势往下问："既然都是过来人，那就一定很有话说。挨完揍之后，你们心里会有些什么想法？"

学生纷纷表示理解父母，表示如果自己乖一点，父母也不会这样做……

我笑岔气，娃娃们目前对于挨揍的三观还是相当正的。

再看看小意，全程沉默，只听不说。但我深信，全班几乎人人都挨揍的现象，一定能让他从"我真惨"的心理状态中解脱出来。而大家乐观面对挨揍的言行，也一定会让他从积极的角度去看待老父亲的良苦用心。

3. 系统"微训练"：驳斥不合理信念

情绪 ABC 理论认为：情绪困惑主要来自人常有的一些不合理的信念。而小意的过分自卑，很大程度就来源于此。

我将情绪 ABC 理论进行了简化，以自己的亲身经历举例，将不合理信念的后果展示给小意看：

情绪 ABC 训练表

事件 A	看法和信念 B	情绪和行为 C
儿子没有完成作业	这个孩子简直太懒了！	非常生气！揍了他一顿！儿子哭得不肯吃饭。鸡飞狗跳两败俱伤。
	也许是他真的有题目不会做吧？	耐心地讲解，和风细雨地教育。儿子认认真真完成作业。母慈子孝一派祥和。

他看完之后，眼角带着笑。聪明如他，我知道他是在笑我也有失控的

时候。我告诉他:"一念天堂一念地狱。不合理信念就是这样把你的孙老师拉进了地狱里!你可不要犯像我这样的傻呀!"

我将表格打印出来送给他。要求他再遇到困惑的时候,将自己的思绪和行为写下来,与我来交流。我说:"我也常在教育孩子的时候不够理性。你也有时面对学习问题不够理性。我们相互帮助,一起改变自己的不合理信念吧!"他笑着点头答应了。

当我敲击下这些文字的时候,期末检测的成绩已经出来了。五年级的小意,语数英三科都在90分以上,其中数学还是满分。虽不算班里最顶尖的,但总分已稳列班级前五。我第一时间给小意爸爸打去电话,盛赞他这段时间科学高效的家庭教育。

电话里,他嘿嘿地笑出了声。我能想象这个急性子爸爸此刻会是怎样如释重负的表情。我跟他说:"记得好好奖励孩子,也好好奖励你们夫妻俩自己哦!下个学期,我们一起,继续为孩子的美好明天而努力!"他连声说感谢。

其实我真的比小意爸爸还开心,不仅因为分数,更因为小意后来慢慢多起来的上课发言和越来越多的扬在脸上的自信的笑容。

但我也深知,教育是慢的艺术,仅凭几次谈话和一些辅导,是很难真正根除一个问题的。好在我有足够的耐心,陪着小意和他的父母,一起慢慢来,一起慢慢成长。

与此同时,我内心也一直深深感恩:在改变孩子和家长的同时,我自己也在被家长和孩子改变着。如沟通技巧的提升、家教理念的改进等等。如此温暖做伴,一起面对问题、剖析问题、解决问题,一起在问题中成长,真好啊!

"树懒女孩"和"管不了家长"

接任新班级,认识了前任老师们口中赫赫有名的"树懒女孩"——洁,成绩中下,做事拖拉,不完成作业是常态。前任老师均与其父母联系过,家长却表示:"我们也管过啊!管了没用啊!她就不是学习的料!"

天下父母者,有谁不盼子女好?洁的父母却应和说:"她就不是学习的料!"

我加了洁妈微信,经过与她多次沟通,大致了解到:一年级时,洁的父母很尽责,每晚陪读,结果越陪孩子越慢,家长就催得紧,可洁变得越发慢吞吞。最夸张一次,母女甚至僵持到晚上十点半,依然没能完成作业……后来到了二三年级,洁的妈妈还会管洁的作业,而洁爸觉得自己小时候读书成绩不好,女儿估计遗传了自己,就干脆做起了"甩手掌柜"。随着年级增长作业量增多,亲子矛盾越来越严重,洁的回家作业情况越来越糟糕,洁妈妈也就越来越有心无力了。

真诚对话,指导方法,点亮家长的希望

在与洁妈达成共识后,我把洁爸妈一起约到了学校,进行了朋友式的对话:首先我表达了对洁的关心和喜爱,并一一罗列甚至放大了洁的一系列优点。我告诉他们,以我十六年的教育经验,孩子智商非但没问题,而且属于中上水平。只要用对方法,孩子的成绩可以突飞猛进。

洁的父亲听了,瞪大了眼睛看着我,一脸诧异中又带着惊喜,似乎不敢相信我所说的就是他家宝贝。

我又肯定了洁妈在教育女儿上的付出，向洁爸表示"妈妈真的很不容易"。洁爸点头，而洁妈那一边早已泪眼蒙眬。

看着洁妈委屈又无助的样子，我打心眼里觉得难受，因此告诉自己：一定要尽我所能，帮助到这对在绝望中挣扎的夫妻和这个困境中的孩子！

我给洁妈递过纸巾："孩子才小学啊，如果你们现在就这么放弃了，那以后还有至少七八年的读书生涯，你们叫孩子怎么熬下去？孩子将来的人生谁负责？你们不心疼我心疼！你们不着急我着急！"

洁妈边擦眼泪边说："老师，不是我们不想管，可是我们真的不知道该怎么办了！管了也没有用啊！"

"你家孩子很聪明的。所以，只要你们夫妻齐心，我们家校同心，一起努力，孩子的作业问题，其实不难解决！"我不断给家长打气。

我与家长协商，下一步开展如下工作：

第一，科学陪伴，得体退出。

以往洁妈妈管作业，是坐在边上盯着孩子做作业，并伴随着无时无刻不在发生着的各种指导与批评。而洁是很有自己思想的孩子，自然受不了家长过多干预，因此非但听不进家长的意见，而且整个过程都在不由自主地反抗，情绪消极。在这样的陪伴方式下，让孩子高效完成作业自然也就无从谈起了。

我建议，洁作业时，家长依然陪伴，但与孩子保持适当距离，只在孩子走神贪玩时适当提醒。至于作业的对错及字迹如何，我提醒他们一定不要再关注。因为这是老师的事，错误或字迹潦草，第二天老师自然会指导教育。家长管得太多太紧，非但孩子独立自主的能力无法养成，而且逆反情绪也会加剧。家长慢慢放手，孩子才有可能体味到自觉自主的快乐，逐步习惯对自己的作业负责。

鉴于洁妈急性子、在陪伴洁做作业过程中易情绪激动的特点，我和洁爸分享了父亲陪伴及异性家长鼓励对于女孩子成长的积极意义，建议洁爸多参与学习陪伴。

第二，积极暗示，正向强化。

在以往的家庭教育中，洁爸妈习惯性用"太慢了""笨死了"之类评价语言，反复给洁贴标签，以至于洁潜意识里觉得自己真的太慢太笨，慢慢地就真的不仅行动慢，思维也慢了下来。

我跟家长分享了爱迪生退学的故事，建议他们向爱迪生妈妈学习，对孩子用积极的暗示，让孩子有成功的体验。尤其绝口不能再提"慢"和"笨"字，在"去标签"的同时，还要给孩子贴上正向的标签——哪怕孩子有一点点小小的进步，速度略有提升，也要进行大大的表扬，表扬孩子"速度快了一点""思维越来越敏捷"等等，让孩子看到希望，体验到成就感。

第三，系统训练，经营希望。

我与洁爸妈分析，洁速度慢，问题关键在于她觉得做作业没奔头。人做任何事，没有奔头，是绝对不会起劲的。大人孩子都一样。每晚要做到九十点的作业和父母无休止的指责，都让洁如临大敌，痛苦不堪。拖延时间、懒得思考，是她消极心态的一种表现而已。对于这样的孩子，光说教没用，当务之急，是帮她重新设定目标，逐步建立新的自我认知。

我帮助洁父母设置了如下表格：

"小洁洁的进步神器"（家庭篇）

学科	作业	预计时间	完成时间	自我分析	调整	家长评价
语文	抄写第二单元词语。	25分钟	30分钟	抄错，订正花了不少时间。	接下来抄写看清楚点。	虽然比预计多花了5分钟，但是字很漂亮！

根据上面的表格，家长和孩子每晚规划好每一项作业的时间，帮助孩子分解作业难度，变"大目标"为"小步子"。

经过一段时间的尝试，洁在经历自主定时间、自我分析调整的过程中，不断积累及时完成作业的经验。特别是无论是否超时，爸爸妈妈都能给予正向的肯定和鼓励，更是让洁时时体验付出换回的获得感，让她带着积极情绪进行作业，速度自然提升了一些。

我和小洁父母商议，为了强化洁的"获得感"，表格一周一小结，进行精神奖励或物质奖励，及时强化这份快乐，让洁看到希望：自己并不比别人笨，只要合理规划时间，付出努力，就能慢慢进步，获得认可。奖励的形式要不断富于变化，以洁感兴趣的为宜。

归因训练，改变认知，唤醒孩子的希望

在了解了洁的具体情况后，我为之前对她不明就里的训斥而深深自责。有问题行为的孩子恰恰是最缺爱的孩子，因为她自己深陷其中，无力挣脱，却还要承受大人的责难。我决定找她好好谈谈，帮她看清自己，看见希望。

一次单元检测后，我把她请到办公室：

我问道："你认为自己只考 56 分的具体原因是什么？"她不说话。

我继续说："是不是觉得因为自己笨？"她点头。

我把试卷重新给她："老师再给你 10 分钟时间，你试试，还能再多拿几分。"

10 分钟后，她补上了来不及做的几题。我一批，都对，就给她加上了 26 分。看着得分被改写为 82 分，洁惊讶的脸上带着欢悦。

我又问："现在你觉得自己为什么之前只能考 56？"

她想了一下："是速度慢。有些题目不会做，想了很久。"

我打了个比方："如果你回家路上遇到拦路虎要咬人，那你是选择跟老虎战斗，是不回家了，还是绕路回家？"

她笑了:"绕路回家。我可打不过老虎!"

"对呀!那你遇到的难题不就像拦路虎吗?可是你非要恋战,当然只有送死的份了!"她露出了两颗小虎牙,笑得咔咔咔的。

我又问:"那你说,考不好,到底是因为你笨?你慢?还是你战术性错误?"

她笑着说:"老师我知道了,如果我试了一下,不会做,就放开,先去做后面的,我就能考八十几分了!"

我开心地拍拍她的小脑袋:"瞧你多聪明!老师一点拨,你就听明白了!那下次遇到拦路虎,一定要——"

"逃跑!"她调皮地接茬。

"就是呀!题目做不出又不丢脸,老师小时候也很少考一百分的!而贪小失大导致丢分,那才是真真的小傻瓜呢!当然啦,如果拦路的只是一只狗狗,我们还是要试一试,看看能不能战胜它。当然,切记,不可恋战!"她点头如啄米,笑成了一朵花。

接下来的日子里,无论她进步了,还是退步了,我都会及时跟她对话,对她进行积极归因方式的训练:

"小洁洁的进步神器"(学校篇)

事件	我认为 (消极归因)	老师认为 (积极归因)	新的收获
没有在规定时间内完成默写练习	写字速度太慢,记性太差。	背诵花的时间不够,掌握得不熟练。	先读熟,再"滚雪球"式背诵,保证背出的都会写。
听写词语全对	运气好,准备到的都听写到了。	先自己抄写了一遍,又让爸爸帮忙听写了一遍,方法很管用。	下次听写前还可以用这个方法。

每一次训练，我都会陪伴她进行理性分析，耐心填表，引导她将成功归结于努力、用对方法，而将失败归因于不够努力或者方法性错误。

对于五年级的孩子来说，这件事进行得并不容易，但我在坚持着。因为我相信，只要坚持做下去，一定能帮助洁重新定义自我，遇到失败也不会再轻易否定自己，而是心怀希望，学会从失败中查找问题所在，勇敢爬起来，坚定向前。因为积极的归因方式，有益于洁眼下的学习，更有益于洁的一生。

多方联动，协同育人，共同呵护希望

我在校为洁做的，洁常会说给家长听，家长每回都很感激，微信里不断感谢我的付出。而我也常会问洁在家的学习情况，但凡听到家长耐心陪伴，我便会给他们发微信："陪伴孩子战胜困难，让她看到希望，这些是你们该做的，也是我该做的。而你们比我做得更好！这样的家校合力，真好！"

与此同时，我还常与其他科任教师进行沟通，了解洁各科表现。洁的点滴进步，我都会不遗余力在班里进行表扬，并给家长发微信报喜。

在我的不断鼓励和科任教师、家长、孩子的共同努力下，洁已经很少有不完成作业的情况了，各科成绩也有了一定的进步。

一个鸡蛋，从外部打破，是食物；从内部突破，却是生命。同样破壳，却有本质区别。面对学生作业拖拉、家长不管的问题，一开始，我习惯于从外部用力，说教家长、批评学生，试图改变现状，效果却甚微。后来，我尝试从内部用力，让家长和学生看见自身的力量，获得努力的方法，看见进步的希望，使家长和学生的内驱力被唤醒。他们开始尝试从内部去突破自我，自己去挣扎、用力，最后形成了自己的生命力，获得了重生。

不仅做知识的传播者，更做家庭教育方法的指导者，做父母和孩子希望的经营者，这样做教师，真幸福！

家校合力,破解"二胎综合征"

曾经的学霸,子轩,自本学期开学以来,经常字迹潦草,单元练习分数不尴不尬,上课无精打采,约谈默默无语。我越看越着急,便去找科任老师了解孩子其他几门功课的表现。

一经了解,我既汗颜又着急:原来,就在这个寒假中,子轩妈妈生了二胎女宝,子轩做哥哥了!而他的各科表现,也均在这个学期开始集体遭遇"滑铁卢"。

印象中,以前和子轩的家校沟通中,基本上都是爸爸出面的。轩爸对子轩的学习一直很上心,陪伴也很到位。而这个学期孩子为何退步明显?莫非,这一切跟他家"二胎时代"的到来有关系?

于是我多次与子轩爸进行沟通,也多次与子轩聊天。多次沟通后,我大致了解到:

自二宝出生后,家人的确将重心移到了妹妹身上。轩爸告诉我,孩子现在每晚总是赖在妈妈房间里,不肯回自己房间睡觉,说是要看妹妹。

轩爸觉得子轩已经做哥哥了,该有做哥哥的样子,所以正逐步改变对孩子的陪伴方式——由原先的陪伴做作业,转变为如今的由子轩独立在自己房间做作业。

随着二胎家庭的增多,因弟妹出生而引发情绪问题甚至心理问题的孩子越来越多,有些甚至表现出极端行为,也有研究者称大娃的如此种种表现为"二胎综合征"。

究其成因,首先有父母层面的关系。带新生娃各种辛苦,所以很多家长会把大部分精力花在老二身上。而且在他们看来,老大已经是大孩子了，况且衣食无忧，少花一点时间在大宝身上也无大不妥。

而站在大宝的角度看，在失去某些东西时，采取措施来防止资源流失，甚至主动出击争夺资源，其实这是人类的本能。如此想来，子轩本学期的变化，未必是他的故意为之，这些潜意识层面投射到日常行为中的表现，其实也是情有可原的事。

在进行系统的分析之后，我将轩爸约到了办公室，和他进行了一番详谈。轩爸不住点头，承认之前的确是疏忽大意了，并追问我该如何是好。

我告诉他，只要下阶段我们家校合力，就一定能帮助轩顺利度过适应期。

指导家庭教育，用亲情温暖心灵

首先，我和家长交流了有关亲子有效沟通的话题，并和他分享了我个人的几条建议：

1. 接纳孩子的情绪，欣赏孩子的不同

我先狠狠地夸赞了子轩，然后引出了孩子告诉我的"自添了女儿之后，爸爸口中常开玩笑'上辈子的小情人'"的话题。轩爸听后，又激动又羞愧。激动于孩子原来在各科老师眼中如此出色，羞愧于自己无意识的玩笑，竟成了孩子的一块心病。

我又进行了自我暴露，分享了自己原生家庭带来的伤痛：我也是大宝，我孩提时代，同样面对过弟弟出生后家人忽视我而带来的心理巨变，有些没有得到父母及时照顾安抚的情绪，成年后成了我性格里的短板，很难根除，甚至一度影响到自己的婚姻状态。我希望可以通过这种迂回的方式，以亲身说法，走进家长的内心。

轩爸听得唏嘘不已。

然后我继续讲述自己的故事，和轩爸分享了自己在这段经历中学习到的"问题是最好的成长机会"的理念，暗示他要用积极的眼光看待目前的问题。

我还不失时机地开玩笑道:"在二宝还不懂吃醋的时候,倒是的确应该偏心大宝一点,毕竟大宝曾经享受过父母百分百的爱,而如今,爱的的确确被分掉了。"

轩爸表示,下阶段会尽量均匀用力地爱两个孩子,并努力像老师那样,多看见大宝的优点,多表扬多肯定,让大宝感受到,有了妹妹后,非但父爱母爱没有少,而且还多了妹妹的爱。

2. 家庭成员合理分工,各司其职,给足大宝安全感

虽说子轩之前的家长陪读状态其实未必妥帖,毕竟孩子已经五年级了,作业这件事,家长早该放手了,但考虑到目前对孩子来说是特殊时期,我建议轩爸与家人商议一下,进行合理分工:

在作业时间里,仍旧由家长进行陪伴,以帮助孩子找回昔日被关注关爱的感觉。与此同时,逐步减少陪伴的时间,拉开陪伴的物理距离,以培养孩子的独立性和自觉性,并最终完成得体退出。

在其他时间,同样需要爸爸妈妈都多关注子轩,特别是要多带他出去参加喜爱的户外活动,以健康的运动方式疏解孩子的不良情绪。

3. 让大宝分担照顾二宝的工作,建立兄妹间的情感纽带

对于妹妹的降生,子轩的表现,是黏在妹妹房间,不肯回自己房间睡觉。在大人看来,子轩是因为喜欢妹妹才这样黏人。但分析子轩在妹妹出生前基本没有发生过黏着妈妈不肯回房睡觉的现象,我们发现,孩子真正想黏的人其实是妈妈。而妹妹在子轩的潜意识中,则成了分走父爱母爱的那个人。

因此,当务之急,是要建立兄妹间的情感纽带,引导子轩接纳并珍惜兄妹情。我建议轩爸适当让子轩参与到对妹妹的照顾中,比如收收小衣服啦,学换尿不湿啦,以及泡泡奶粉什么的。如此能让子轩在为妹妹付出的同时,感受到做哥哥的责任感和成就感。与此同时,在对妹妹的照顾中,

也能很好地唤醒潜藏在子轩身上的血浓于水的亲情体验。

我建议家长还要不失时机地跟子轩聊一聊他婴孩时的小故事，唤起孩子更多美好的感觉，让他感觉看到妹妹就仿佛看见了"另一个自己"。

长此以往，在子轩心理，妹妹便不再是那个分走爱的人，而是需要他去爱去呵护的亲人。

进行心理疏导，用师爱引领成长

子轩的家长按着我们商定的思路改进着家庭教育策略，这样的信任和配合让我很是欣慰。

但我知道，光有家长单方面行动上的跟进，没有孩子自身真正意义上观念的转变，这样的教育还是没法真正走进孩子内心，也就谈不上真正意义上改变孩子。

转变观念，帮助子轩重新准确定位自己，是从学校教育层面必须要跟进干预的重要一环。

1. 分享成长故事，积极暗示中完成彼此治愈

当思考我该如何引导子轩尽快接纳并适应"哥哥"这个角色的时候，我仿佛也看见了童年的自己，回想起面对邻居和亲戚们那些"爸爸妈妈生了弟弟就不喜欢你了"的玩笑，和父母只顾弟弟忽略我的现实，和常常夜间躲在被窝里落泪的画面。多心疼自己，就有多心疼子轩。像是在拉一把童年的自己，我很想跟子轩讲一讲自己童年的故事。可是，该从哪里讲起呢？

我不由得想起了自己上初中时，住校。有一次周五傍晚回家，刚拐进村口，大老远就看见读小学的弟弟站在屋前的田埂上，伸长了脖子正等着我。原来，他是见班级里女孩子都买一种塑料戒指戴，觉得好看，就用爸爸给他的零花钱也给我买了一枚，然后迫不及待想送给我。那件事，被我很多次写进作文里，也着实很深刻地改变了我对弟弟的看法。我找子轩去

操场散步,然后把这个故事讲给他听。我告诉他:其实,有个弟弟,真的很幸福!

我发现,子轩很爱听我讲我和弟弟间的故事,于是我提议:"好朋友之间要彼此分享对不对?那明天开始,我们轮流讲弟弟妹妹的故事好不好?"

"好!"他满口答应。

我和子轩的美好约定就这样开始了:我给子轩从我小时候一直讲到现在,讲我和我弟弟之间的点点滴滴。每回忆一段姐弟间的往事,我就觉得自己的心被温暖了一次,而原生家庭里留给我的某些负面的东西,似乎也在那些讲述中,释放了,淡然了。

而子轩呢,也开始跟我分享他和妹妹的故事:比如妹妹多爱哭,妈妈说这是像哥哥,因为做哥哥的他小时候也特别爱哭。比如,他最近开始负责每晚收妹妹的尿布,不过他不觉得脏;又比如,他说妹妹好像很喜欢他给她唱摇篮曲,唱着唱着就睡着了……

而在这个过程中,我不止听,还不失时机地给他诸如"有个这么像自己的小妹妹,是不是觉得很神奇又很开心?""小妹妹有你这样能干的哥哥,真幸福啊!""妈妈该多欣慰啊,大宝轩轩这么懂事!"之类的反馈。在分享他的快乐的同时,我也希望借助这样的正向引导语言,给他积极的心理暗示,强化他"爸妈依然很爱我""妹妹很喜欢我""我要做个好榜样"等积极的内心感受。

2. 推荐读物,用文字滋养心灵

心理治疗中有一种叫"阅读疗法",就是依据读者的个人需求,选择适合的读物,帮助读者从负面情绪中释放,进而自我治疗,也能帮助读者解决问题、满足他们的心理需求,进而使他们从目前遭遇的问题中成长、发展。

子轩平时很爱读书,我就想试试阅读疗法。我为他量身定制了二胎主题的书单,推荐他阅读《小凯的家不一样了》,是让他明白自己的心理变化其实也是正常的;《我想有个弟弟》,是想让他发现,家里多了个妹妹,就等于童年多了个玩伴;《富兰克林和小妹妹》,是希望他懂得,做哥哥很辛苦也很光荣,不仅是妹妹的榜样,还是妹妹的保护神;《我爱我的家》,是希望他用心去感受家的重要,家人的重要,学会家人间的相处之道……

对于我的这一步工作,轩爸非常重视,也非常配合,给孩子一一买齐。

很快子轩就告诉我,都读完了,而且很喜欢。而我并没有问他明白了什么之类的大道理,我相信他一定能从中汲取到心灵成长的能量。而这些能量,将在接下来的日子里,成为他和妹妹,和家人之间的黏合剂,让他们彼此的心,靠得更近。

其实在我介入对子轩的干预之后,就能从他的作业和课堂表现中,感觉得到他在改变。毕竟,他本就是学霸级人物,聪颖而敏感的他当然能感觉到家人和老师都在关注他,都在爱着他。后来我又联系了科任教师,他们也反馈说,孩子在进步,也在日渐阳光起来。

反思引导子轩走出二胎困扰的整个过程,如果说有"捷径",那应该就是我能及时对接家长,并得到了家长的高度信任和配合,这才能让我很快从乱象丛生中找到了问题的根源,并根据孩子的个性特点,及时采取不同的措施进行科学的干预和合理的引导。

所以细细回想,抛开如上文提到的"阅读疗法""积极暗示"等等"术"的层面,其实,真正能让学生改变的,唯有爱:教师的爱,携手家长的爱,合力成科学而理性的爱。如此,才能真正如甘霖般滋养学生心灵,呵护孩子健康快乐成长。

当孩子迷上了游戏

2020年新冠疫情时,我们开始推进线上教学。我一直担心孩子们宅家学习的状态,有心想家访,便在群里发出了信息。

小帆爸爸是第一个联系我的,盛情邀请我前往家访。

怎奈,约定家访那天早上起来看新闻,发现疫情形势又突然严峻起来,考虑到双方的安全,我就将线下家访临时改成"云家访"。

在我印象中,小帆虽然成绩中等,但性格温和,待人友善,是个很懂事的孩子。小帆的家长也一直非常重视家庭教育,与老师沟通密切。可以说,这次线上教学中,小帆是我最不操心的孩子。因此我本以为小帆爸爸也就是出于礼貌才主动邀请我,谁知,他一开口就滔滔不绝,跟我详谈孩子的"玩游戏问题"。

原来,假期中,孩子迷上了玩电脑,每天下午一个小时电脑,休息二十分钟,再看四十分钟书,再玩一个小时电脑……如此循环往复,一下午能玩上三个小时左右。

小帆爸爸很无奈地说,如果允许孩子这样做,那么让他看书、干家务,他都很乐意;但如果限制玩游戏的时间,孩子就会闹情绪,甚至大哭。考虑到孩子已经进入叛逆期,家长也就不敢强行控制游戏时间,只能由着他去。同时内心又焦虑不已,不知如何是好。

同时,小帆爸爸还向我倾诉了家庭教育中遇到的很多困惑和自己内心的焦虑。他说:"我不想鸡娃,但我还是觉得自己被内卷得很厉害。"

我一边耐心地倾听,一边认真地记录,然后细细地分析。透过层层表象,我感觉自己也许找到了孩子沉迷游戏的真正原因,便尝试与小帆爸爸做了深入交流。

正视游戏，悦纳现实

我和小帆爸爸就两个话题进行了沟通：

1. 电子游戏，并非十恶不赦

对于信息化浪潮中成长起来的小帆这代人而言，吸引他们的电子游戏，其实就相当于父母辈童年时沉迷的动画片一样。在我们那个年代，不看《变形金刚》和《忍者神龟》的男孩子，在同龄人聊电视时，是落寞无声、没有话语权的，从某种程度上来说，这些孩子的童年都是不完整的。时代的车轮虽滚滚向前，但在孩子的世界里，很多成长的规律是不变的。

而且，有研究表明，适度玩电子游戏，既是一种减压，也对孩子精细运动技能的发展等方面很有好处。

那么，家长究竟在害怕什么？其实是对未知和不可控因素的恐惧，是听多了"游戏毁孩子"故事后的深恶痛绝，更是对自己管教能力的不自信。

因此我建议小帆爸爸换个视角看问题：电脑游戏并非十恶不赦，它只是时代发展的一个产物，是我们娱乐的一种选择，只要处理得当引导得法，适度的电子游戏也能为孩子的成长助力。

2. 悦纳孩子，也要悦纳自我

毫不夸张地说，在家庭教育中爸爸普遍缺位的当下，小帆爸爸几乎是属于"超自然现象"的存在：孩子的每次作业，尽管我没有要求签字，他都会一一过目并签字，尽管孩子已经五年级；孩子的教育问题，他常常主动跟老师沟通，并且自己还阅读了不少家庭教育的书籍，虽然他说自己的文化程度不高。

就是这样一位很用心很投入的家长，却给我留言说：

如果满分是 10 分的话，我只能给自己的家庭教育打 5 分，我很多方面都做得不到位。

我想让他成为我想要的样子，其实这样很难，我只能尽我最大的努力去给他创造条件。

我以为我能教育出一个拔尖的孩子，结果交出的成绩单却不尽如人意。

小帆除了打游戏，没有擅长的……

讲真，读着这些文字，我心里隐隐作痛。为他既要忙于创业，又要竭尽所能地"管控"（引用了他自己的原话，且他不止一次地用这词来形容自己的教育）孩子的辛苦！也为他对自己的苛责！

但，我也为小帆心疼。我很注意到小帆爸爸说的"我想让他成为我想要的样子"。我想，小帆爸爸也许没有想过诸如此类问题：

小帆他自己想成为什么样子的人？小帆将来的人生，究竟该由谁来做主？怎样的人生，才算是一种成功？一定要腰缠万贯功成名就吗？能奉献社会，能善待自己和他人，做个平凡而快乐的普通人，算不算是一种成功呢？……

我并没有直接这样质问家长，面对这位尽管不得教育要领，但已拼命努力着的爸爸，我真的不忍心直白地用那些分量很重的质问，去否定他曾经那么多年的付出。

听小帆爸爸说自己常阅读家庭教育类书籍，我推荐他去读一读美国家庭教育专家帕蒂·惠芙乐的《倾听孩子》和美国的另一本男孩子教育书 *That's My Son*。我告诉他，我也家有男娃，的确也体验到男娃家长的一把辛酸泪。这两本书，是我自己阅读了之后受益良多的。我是不由自主地将自己暴露给家长，本色还原了自己育儿过程中遇到的困境，是因为真的很想让小帆爸爸能为自己"心理松绑"。

我也深信，好学善思而博爱的小帆爸爸，一定能通过阅读明白"有一种爱叫放手"，也一定会重新定位自我，会由"管控与带领"模式走向"尊重与陪伴"模式，会走在孩子身后，负责偶尔纠偏，时时喝彩，为孩子，也为自己。

规矩之内，尊重选择

在解决了小帆爸爸的观念问题后，接下来的问题焦点才是如何纠偏孩子的过度游戏行为。我建议小帆爸爸做这件事：

第一，跟孩子讲明无节制玩游戏的害处，哪怕孩子听不进去，也要讲。不仅要苦口婆心一遍遍讲，让孩子意识到家长无比重视这件事，同时还需要找一些网瘾案例给孩子阅读，务必帮助孩子正确认识电子游戏，明白"玩"的前提是"能自控"，否则一旦"被控制"，后果不堪设想。

我给小帆爸爸出了个"馊主意"：如果讲道理孩子不要听，就由我出面邀请孩子完成一次有关"网瘾"主题的项目学习活动，制作成PPT，供我发给全班学习。搜集制作的过程，就是引导孩子进行自我教育的过程。

第二，共商规则，严格控制游戏时间，并和孩子一起讨论制定违反规定的惩罚措施，例如当天违规，则取消第二天的游戏时间等。

至于每天的游戏时间，不能强制规定，否则一定会带来逆反。可稍稍做艺术化处理，不妨提供两种方案，由孩子自主选择，比如：

方案一：每天有60分钟游戏时间，到了规定时间必须离开电脑。
方案二：每天有90分钟上网时间，其中45分钟可以用来玩游戏，另45分钟则用来看电影或纪录片。

以上两种方案，可由孩子自主选择其中一个。可供选择，从孩子的心理上来说，就不会有被逼迫的感觉，执行的时候，也会更加容易配合一点。

第三，坚守立场，严格执行。我提醒小帆爸爸，规矩一经商定，必须严格执行。并做好思想准备,孩子很有可能会闹情绪,届时只需在确保孩子人身安全的情况下,若无其事地做自己的事情就好。任由孩子发泄情绪,家长只管坚守立场。哪怕孩子最初无法适应,情绪激动,但几次闹腾也无用之后,孩子自然也就自觉无趣了,他会明白边界和底线在哪里,也会慢慢习惯,渐渐妥协并遵守规矩了。

我跟小帆爸爸开玩笑:"孩子聪明得很,大人的底线他一探就明。因此,规矩能不能有效,关键看家长和孩子谁更有韧性。"

第四,盯梢不如参与。如果担心孩子玩的游戏不健康,不妨变盯梢为参与,将其作为亲子游戏,一方面能知道孩子喜欢的是什么,方便及时干预,引导孩子玩一些健康益智类的游戏;另一方面,在游戏过程中,父子的感情也能加深,共同语言变多了,父亲在孩子的成长过程中自然也会更有话语权。

寻找替代,移植快乐

小帆爸爸其实是懂孩子的。他说,没有疫情,孩子不会失控。

的确,一方面,线上学习的任务相比在校时,总归轻松些,孩子的空余时间就多了。另一方面,因为疫情,长期宅家,少了户外活动,没了同伴玩乐,对于好动爱玩的孩子,心理上的压抑感和孤独感自然也强了。

如何打发时间?如何寻找快乐?

相比阅读的枯燥、家务的繁重、运动的劳累,游戏的轻松刺激自然更能俘获孩子的心,也就自然而然成了孩子打发时间和寄托情感的最佳途径。

那么,游戏不让玩了,孩子的快乐该从哪里找呢?我和小帆爸爸商议,不妨这样做:

1. 借个孩子当玩伴

五年级的小帆,已经高出我半个头,是个半大小伙子的感觉了。这个年龄的孩子，情感依恋已经逐步从亲子关系转移向伙伴关系。伙伴，是青春期孩子社会关系中最重要的存在。

但最近小帆搬家了，邻居没有同龄的孩子，开学又漫漫无期，这种内心的孤独和苦闷，是可想而知的。

尽管，小帆爸爸已经做得很好了，他能每天三次约孩子去遛狗，并借机和孩子聊天，但是，我们也必须承认一点：对于青春期的孩子来说，再好的亲子关系也无法代替同龄友谊带来的快乐和满足。

因此，我建议小帆爸爸不妨尝试帮孩子借个伙伴，比如鼓励小帆从亲戚朋友家同龄的孩子中，或者班级的同学中，挑选自己合得来的一个伙伴，然后邀请来家中组成临时"成长联盟"，一同上网课，一同完成作业，一起游戏玩耍，一起享受同伴相处的快乐时光，这不仅有利于孩子社会性的发展，而且能在一定程度上消减孩子对电子游戏的渴望。

当然，这样的"借伙伴"，必须基于一个基础，就是在防疫工作绝对安全，和对方家长也认可这种同伴互助模式的前提下。

2. 换种方式"找乐子"

孩子为什么会游戏上瘾？

为了避免玩家厌倦，游戏设计者牢牢把握住了玩家的心理特点，游戏等级和进展情况会瞬间通过数字等形式显示出来，让玩家在短时间内迅速获得成就感。人在兴奋中，大脑会产生一种叫β内啡肽的让人快乐的物质。也就是说，真正让人上瘾的，不是游戏本身，而是游戏时获得的短暂的快感和成就感让人欲罢不能。换言之，这种"上瘾"是可以"移植"的，只要另一种事物一样能提供这样的"乐子"。

①用优秀的影视作品替代游戏

为孩子提供优秀的电影或纪录片供替换用，如半小时的游戏时间可以替代一个小时的电影时间，以此类推。优秀的影视作品一样能让人快乐，一样能刺激人体分泌"快乐激素"。

更重要的是，当孩子沉浸于电影的故事情节，当他与故事的主角一起哭一起笑，一起面对生命的困境与抉择时，这种教育影响，是无形却深远的。

②用运动代替静坐

孩子沉浸在无法玩游戏的痛苦之中怎么办？

带着孩子动起来，打篮球、散步、打羽毛球……总之，想尽办法和孩子一起运动。运动一样会促发身体分泌多巴胺，帮助人排遣忧愁，疏解情绪，获得快感。而且，父子结伴的运动过程中，或对抗，或合作，或交流，或玩笑，亲子关系也会变得更加和谐。

试想，当大汗淋漓之后，孩子在运动中发现了自己的活力与激情，自信心和成就感被一一满足后，电子游戏带来的低级快乐也就会渐渐失去作用了。

③用阅读体验代替虚拟世界

利用值班时间，我在传达室放了包裹，然后给小帆爸爸留言：校门口传达室，有孩子的包裹，辛苦他得空去拿一下。我故意卖了个关子。其实包裹里，是我送给小帆的课外书，本来是买给我儿子的。在包裹里，我还夹了一张纸条："送给懂得时间管理的孩子。"

我知道，我送的书，孩子一定视若珍宝，然后会好好品读。这是我在班级里一直在做的事情，哪个孩子进步了，或者出现行为问题了，我就送针对性的书籍，以阅读疗法的方式，帮助不同个体纠偏行为。因为大部分孩子很喜欢我，所以我送的书，多半能起到我预想的效果。

这回，聪明的小帆，一定也懂得我的心意。

在我和小帆爸爸为孩子的网瘾问题持续沟通了一个多星期之后，小帆爸爸那里终于传来了好消息，说孩子已经控制住了玩游戏的时间，跟家长的话也比从前多了起来。

后来的时间里，小帆爸爸和我一直保持着联系。他总是会把孩子在家的优秀表现编辑成文字发给我，然后我再以文字形式回复。再然后，他会把我们的聊天记录给孩子看。这种双向奔赴的用力，对小帆的影响着实很大。

五月，暮春时节，孩子们终于返校了。跟大部分孩子疫情返校后一时间不在学习状态相比，小帆却俨然换了个人一般。无论是精神面貌，还是语文成绩，都有很大起色。毕业考时，孩子取得了前所未有的高分。家长激动不已，一个劲地说感谢我。

我说："你最该谢的人是你自己，谢你对家庭教育的重视，谢你对我的信赖。孩子的成长，家庭教育是基石。家庭教育如果缺位或错位，学校教育的作用将大打折扣。"

不过，我也提醒小帆爸爸，暑假即将来临，要做好思想准备，孩子很有可能会反复。游戏瘾一旦形成，戒起来绝非一朝一夕可达成。教育，一定是慢的艺术。

同时，我也宽慰他，不必担心，无论如何，只要他信任我，只要我能，即便孩子已经毕业，作为他曾经的老师，我也很愿意继续出一份力。

家访备课：拨动心弦的艺术

临近期末，老师们又开始为家访忙碌。一学年100%的入户率，是上级主管部门对学校的，也是学校对教师的考核指标之一。老师们挨户到学生家里去转转，跟家长说说考试成绩，与家长和孩子合个影，然后回学校填份表格，就算完成了家访任务。如此几天下来，头痛不已，纷纷抱怨：几天时间要走完四五十户，怎一个车轮滚滚风尘仆仆了得！

而另一方面，家长们也热情不高，有教师调侃说：群发家长告知将进行家访，回应者仅三五人，其余家长均作视而不见状。人家家长都不欢迎我们，这剃头挑子一头热的家访，怎么搞？

尽管我们都知道，成功的教育一定离不开家校双方的同频共振，只有真正触动了彼此的心灵，教育才会真实发生作用，但种种现状表明：尽管家校沟通的作用被一提再提，家访的任务被列入考核指标，但在现代生活的快节奏下，家校之间缺少交流，家访走过场，还是一个普遍性现象。更甚者，入户家访似乎已成为家校双方均不待见的一种家校沟通方式。甚至有老师问我：这家访不去不行，去了也没多大的效果，怎么办？

怎么办？办法当然是有的。

其实，教师家访，就好比教师上课，道理是一样的，两者都非脚踩西瓜皮般的随意闲聊，而是专业性极强的工作。也因此，我认为，教师家访，也要预先设定明晰的家访目标、重难点，并且对家访的整个过程有一定的预设等。也就是要进行家访的备课。

备教师：积极的心态，虔诚的情怀

家访备教师自己，怎么备？备什么？

我们首先要来考虑一个问题：为何家访？

我想老师们的答案无非两种：或者是完成学校的要求，或者是学生出现了问题需要与家长对话。前者是完成任务的心态，难免将其视作负担，操作起来自然索然无味、不堪其烦；后一种上门家访，更多地会带着告状、问责和指导的心态，难免居高临下，情绪对立。

有一句话叫："一个问题学生背后，往往有一个问题家庭，或者问题家长。"同样的，一个优秀的孩子，多半也离不开成功的家庭教育。孩子在学校里的所有行为表现，都能在家庭中找到根源。所以，我所理解的家访的目的，不仅在于及时向家长反映学生在校情况，更在于真正走进孩子成长的世界，去看见他（她）的家庭成长环境和家庭教育状况，去看见大班额教育状态下我们无法看见的东西，才能真正落实用一把钥匙开一把锁的因材施教理念。

就比如，像我所在的农村小学，新居民学生超过班级半数，而其中不少孩子的学习状态、个人卫生习惯堪忧，或字迹潦草，或不完成作业，或衣服油渍斑斑。我们总怪怨这些孩子不够懂事，这些家长不够用心。而唯有真的走进他们租住的地方，看见他们家里简陋的陈设，一家四五口挤在一间不足十平方米的屋子里，甚至连独立做功课的房间和书桌都没有时，我们才会知道，跟家长提良好的学习环境、高效的陪伴督促指导，都是一种近乎不近情理的苛求。

唯有走近，才能理解；唯有理解，才能懂得；唯有懂得，才能宽容与慈悲。入户家访，其真正的意义，可能更在于此吧！

所以，家访备教师，其实备的是自己的心态。在家访前先问问自己：我以怎样的理解看待家访这件事？是任务观点，还是一种积极的心态、一种虔诚的情怀？

唯有先想清楚自己究竟为了什么去家访，如此，才能兴味盎然地走进每一户家庭，与每一位家长真诚对话，力争实现合作共赢。

备学生：拉近距离，赢得信任

作为家长，最关心的，其实未必是你班主任班级带得如何优秀，也未必是你获过哪些奖，有哪些荣誉称号。他们真正关心的，是你这个老师对他的孩子有多关心，是孩子在你的教育下，能有多大提升。

而作为学生，最在意的，未必是跟随你学习他（她）有多大进步，而是你有多喜欢他（她），有多关心他（她）。

因此，我把入户家访视作拉近师生距离，赢得家长信任的最佳途径。家访前我会问自己：孩子的长处我都了解吗？我打算如何帮孩子在家长面前说好话？我要如何让家长安心地把孩子交到我的手上？

1. 梳理学生优点，拉近家校距离

教师入户家访，作为学生，必然是忐忑的；而作为家长，内心同样不安。为什么？怕教师告状啊！传统的家访，我们不就经常陷入告状的怪圈，让家长面子上过不去，再让学生日子上过不去吗？

因此，无论出于何种目的的家访，在入户前，务必对学生的优点或进步表现做到了然于胸，最好能掌握具体事例，如能再配以照片、视频，或实物素材，则再好不过。

有了这些实证材料做支撑，家访时，首先在家长面前将孩子的良好表现进行展示，让家长实实在在感受到孩子的进步。如此一来，家长听了既高兴，也会感动于老师平时对孩子的悉心关注，家校双方的心理距离自然就拉近了，后续的交流，也自然就顺畅多了。

而从学生层面来说，听闻老师如此关心自己，如此肯定自己，内心的感动和感激自然不言而喻，哪怕不能达到不用扬鞭自奋蹄的状态，至少在接下来的一段时间里，学生各方面的表现都会有所进步。

所以说，家访前备一备学生的优点和长处，入户家访这一举措，也许就是激励优秀生、影响中等生、唤醒后进生的绝佳途径。

因此也要加上一条被不少名师写进书里的话——如果一时间找不到学生的优点，就暂时不要去家访啦！

2. 准确定位目的，赢得家长信任

家访前，我们必须认真思考：此次家访的目的何在？是向家长介绍孩子的在校表现？是帮助家长树立正确的教育理念？是共同商讨如何解决孩子某方面的教育问题？还是增强家长的责任意识和信任度？不同的学生，家访的目的必然是有差异的。因此，家访前必须对学生的学习习惯、兴趣爱好、同伴交往、个性优缺点等，都要全面掌握。

如何全面掌握？最好的办法，当然是班主任能做个有心人，日常多关注每位孩子的表现，及时记录整理，并能多与科任教师和班干部沟通，多渠道多方面多维度了解每个孩子。家访前，就能根据日常了解情况进行合理规划，找准目标，重点实施。

家访时不图全，不贪多，一次家访，重点突破或解决一两个问题，达成一两个目标，便是不虚此行。如此条理清晰、重点突出的家访，家长一定也会为老师的高效率工作模式和理性清晰的工作思路所折服，对教师的信任度也就在这样有针对性有效度的对话中慢慢构建起来了。

备家长：采用合理方式，讲求沟通艺术

一个班级就如同一个小社会，家长的素质受学历、个性、职业、阅历、育儿观念等因素影响，也千差万别，对教师的家访也会各持态度。想要和每一位家长在家访时都相谈甚欢，真不是容易的事情。

但，存在即合理。如何做到到什么山头唱什么歌？所谓知己知彼，方能百战不殆。家访成功的关键因素之一，在于教师能否准确把握家长的不同类型，如：是民主型家长，还是溺爱型家长？是放任不管型，还是粗暴

严厉型？是齐抓共管型，还是父母缺位型？……总之，唯有家访前通过多种渠道对家长的各方面情况进行了解，尽量做到信息全面，才能掌握家访的主动权，在家访时，面对不同类型的家长，考虑好采用何种家访方式。

1. 民主型家长：平等与真诚

此类家长是我们最期待遇见的理想型家长，他们往往有一套比较科学的育儿经，教育子女宽严有度，爱慈相济。但此类家长也往往见多识广，较有主见。因此我们要事先想清楚，与他们交往，我们切不可居高临下摆师道尊严，而要以孩子成长合伙人的身份与他们平等对话。对于孩子在校的优缺点，可如实反馈，并与家长平等交流，同时耐心听取意见。

真诚与平等，是赢得此类家长的关键。

2. 溺爱型家长：善用"三明治效应"

此类家长是护犊心最强的。一般情况下，孩子若做错了事，你直接联系家长，往往会铩羽而归。因为他们眼里，孩子永远是可爱的，是正确的，即便真做错了事，也会觉得孩子还小，没什么大不了的。

把握准了此类家长的心态，家访时，即便真想交流问题，也要先用一用"三明治效应"。即可以先跟家长聊聊孩子的长处，肯定孩子的良好表现。等家长听得心花怒放了，再不失时机地提一下孩子的问题所在，并以商讨的语气给出一些干预策略。最后一步至关重要，所谓拍一巴掌给个枣。当家长听了孩子的问题心生不悦时，老师还要立刻再给予希望，如只要孩子改正了这一点，就会如何进步如何优秀等，让家长即便不悦的同时，也能深切感受到，老师是真心为孩子好，也就能冷静下来思考谈话内容，并在今后的家庭教育中有所调整。

3. 放任不管型：经营家长的希望

在孩子刚上一年级的时候，放任不管的家长，往往是极少数。而随着孩子学龄的增长，此类家长会逐年增加。其原因何在？

其实深入调查不难发现，真正忙于工作而放任不管的，真的只是极个别。更多的此类家长，"不管"行为的背后，真正的原因是不知道该怎样管，或者是丧失了信心干脆放弃的。而这样的家长，一般都有一个学业成绩不理想的孩子。因此，家访中，与此类家长谈话，我们不妨把"经营希望"作为关键点。

对于学业成绩不理想的孩子和家长来说，"成绩"这个话题，是他们心中最大的痛。因此家访时，成绩的话题我们可暂且避开不谈，而应多一把尺子去衡量孩子，带领家长看见孩子除开学习外的优点和长处。其实只要我们做个有心人，每个孩子在校都是有长处可供我们展示给家长的。实在找不到优点，夸他劳动积极、热心班级也可以。凡此种种，只要是值得肯定的地方，我们就要在家长面前可着劲地夸。

后进的孩子很少得到老师夸奖，后进生的家长也很少听得到老师的肯定。若把真诚的表扬以家访的机会送上门，无论对孩子还是对家长来说，都无异于黑暗中的曙光。此时若再适时地提供一些孩子和家长均可操作、可达成的学业上的努力方向，我相信，无论是家长还是孩子，都是乐于去试一试，并且感激不尽的。

4. 粗暴严厉型家长：赢得认同

此类家长信奉"棍棒底下出孝子"，对于孩子的教育往往"严"字当头，强势粗暴。而此类家长教育出来的孩子，往往要么成绩优良且苛求完美，拘谨刻板，人际关系一般较紧张；要么是个惹祸大王，常带头挑事，违纪违规是家常便饭。

去此类家庭家访前，一定要想清楚，不能让我们的家访变成孩子的一场灾难。因此，一定要非常用心地搜集孩子在校的优良表现，届时多报喜不报忧。特别是要充分肯定家长的良苦用心，让家长放下戒备心理，从情感上认同教师。待家长紧绷的神经松弛下来后，再避开孩子跟家长适当聊一聊班级中民主型家庭的教育案例，旁敲侧击地影响家长。

一般针对此类家长的常规家访，我们还是抱着先经营好关系再逐步影响的心态比较好，不必指望一次家访就能彻底改变家长的教育方式，这基本上是不可能的事情。来日方长，真正的改变还是要落实于日常的家校沟通和对孩子心理的积极干预上。

备其他：万事俱备，只欠东风

打仗讲究天时地利人和。家访亦然。在摆正了自身心态，了解了孩子和家长后，家访前，还必须要做的事情，就是考虑清楚这几个问题：何时去家访最为合适？和谁一起呢？要带些什么去？

1. 何时去家访？

本文开头所描述的，老师们集中在期末去家访，显然是不合适。

一则，期末工作本就繁多，老师的时间、精力有限，家访的面太大，容易导致任务观点，心态消极，就难突出家访重点，必然缺少针对性，指导性不强，肯定效果不会好。

二则，期末是个很敏感的时间点，考分一出来，往往几家欢喜几家愁，此刻去家访，教师和家长难免都将关注点放在孩子的成绩上。如此一来，明显窄化了家访的意义，也片面解读了家校合作的真正作用。

那么，何时去家访更为合适呢？

①新接班时：去靠近去关注

新接班时走进孩子家里，一方面，能第一时间了解孩子的基本情况和家庭情况，了解家长的教育理念和教育方式，以方便接下来有针对性地开展教育引导工作。另一方面，相识伊始，老师便登门造访，对于家长和孩子来说，也是一种正向的激励和暗示，他们会感动于老师的认真和用心，也会对新学期新起点充满希望。

新接班时家访，一般最适用于"中间沉默层"，即学业中等、表现平平的孩子。因为他们平时默默无闻，也最缺老师的关注和认可。而老师这种开学初便主动靠近孩子的做法，一定程度上能弥补后期关注不足带来的负面影响，另一方面，也能很好地唤起孩子更上一层楼的学习劲头。

②孩子有进步时：去祝贺去肯定

但凡学生，人人喜欢被老师表扬；但凡家长，个个期盼孩子被老师肯定。表扬肯定的方式自然很多，但在孩子有进步时，通过家访的形式做足表扬的仪式感，一定是家长和孩子最欢迎的。

此种形式家访，最适用于学困生、普通生，或家教甚严的学生。将喜讯送到家，无论对孩子来说，还是对家长来说，都是一种无上的光荣和莫大的希望。

③孩子陷入困境时：去鼓劲去指导

无论是在学业上，还是在其他方面，当学生遭遇困难或发生问题行为时，也是他最需要爱的时候。此时入户，一方面，教师可以与家长一起坐下来，探究问题背后真正的成因，共商解决对策。这种面对面心贴心的对话，更有利于形成教育合力。另一方面，此时教师亲自上门送去的一句安慰和鼓励，一个关切的眼神，一些建设性意见，更能让孩子及时得到正向的引导，也能让家长及时获得专业有效的帮助。

2. 和谁一起去？

家访和谁一起去？这个问题在家访前也要进行备课。因家访目的不同，同行人员也有讲究。

①班主任单独去家访：体谅与尊重

每个班级里都会有一些特殊家庭的孩子，要么经济窘迫，要么单亲离异，或者是留守儿童、"伪留守儿童"等。低年级的时候倒还好，特别是到了中高年级，这些孩子内心越来越感受到自己家庭与他人的不同，因此通常不希望自己的具体情况被老师同学知道。

去这样的孩子家家访时，不宜人多，因为人多难免口杂，万一一言不慎，教师好意的家访甚至会成为孩子痛苦的源头。一般班主任一个人前往就好，尽量避免居高临下的同情态度，要蹲下身来体谅孩子的不容易，肯定孩子哪怕只是细小的努力，让孩子感受到被尊重被认可，感受到存在感和价值感。

②和任课老师一同去：专业化的指导

对于在学业上出现问题的孩子，最适合用这种方式进行家访。班主任与任课老师共同走进孩子家庭，既能让家长感受到老师们对孩子的关心和重视，也能从任课教师处获得更加专业和对口的学业指导方法，提升家访的实效性。

③和学生一同去：同伴教育与影响

此类方式，适用于中高年级，针对性格开朗的孩子。其实就是同伴互助的一种形式。同类型的孩子组织到一起，共同去某一位同学家中。教师在与该学生及家长交流的同时，对其他学生来说，也是一种无声的教育和影响。

当然，这种形式的家访，首先要征得同行孩子家长的同意，并且特别注意安全相关事宜。

④和家长一同去：接地气的更有说服力

每个班级几乎都有几个对孩子的教育用心可谓良苦，但收效甚微甚至适得其反的家长。针对这样的家长，可邀请班级中的明星家长及其他遭遇相同困惑的家长，与班主任一同前往家访。

如此家访，其实就类似于一个小型家长会。教师以家访的形式，把同类型或互助型家长组织到一起，让这些家长面对面互动式交流，直接对话教育问题。

明星家长的经验分享，同类型家长的相互启迪，很多时候比起教师的单向传授，会更接地气更有说服力。

3. 带什么去家访？

中国是礼仪之邦，礼尚往来是人际交往的一项重要内容。然而，在常规的家访中，教师前往学生家中，往往是两手空空。细想一番，若家访前我们思考一下"带什么去家访"这个问题，也许在家访时，家校双方的感情磁场就能产生更美丽的火花。

①带上笔记本：我的认真你看得见

除了前文已经提及的孩子在校表现的照片、实物等，还有一样东西不得不提，就是笔记本。

比如，可以在笔记本上记录一份简单的谈话要点，避免谈话进行中发生无话可说的情况。这一点对于新教师尤其适用。

又比如，在与家长沟通过程中，边倾听边将重要信息记录下来。人人都需要被重视感。教师这种专注聆听认真记录的严谨态度，在家长看来，不仅体现着你对家长的尊重，更有你对孩子的重视，在家长感动之余，更能培养家长"把孩子交给你我放心"的信任感。

而家访本上所记录的信息，如是否独生子女、父母的责任心和素质、家庭教育的理念等等，其实就是最鲜活真实的学生成长档案。这些信息，将在以后的教育工作中，特别是遇到教育困惑时，及时帮助我们拨开谜团，洞悉成因，从而更准确有效地实施教育影响。

②带上课外书：唤醒孩子仰望星空的梦想

带上自费购买的课外书去家访，是我惯常的做法。

农村的学生和家长普遍不重视课外阅读，家中有藏书的孩子不多，有书柜的孩子更少，甚至有孩子家中一本课外书也没有。因此，当老师带着礼物上门家访，送上的还是精神食粮，这份对于教育的用心，是再难缠的家长也会为之动容的。而对于孩子来说，我送上的课外书，往往成了孩子在班级里"炫耀"的资本，也常常会因此点燃孩子对阅读的热爱。

在"家庭教育和学校教育的边界究竟在哪里"这类问题被作为热点探讨的教育语境下，带上一本课外书去家访，以一笔十几元至多二三十元的金钱投资，不仅能唤醒孩子仰望星空的梦想，更能拨动家长的心弦，赢得家长的认同甚至感激之情。如此一本万利的买卖，当然值得做！

当然，上述内容，其实都是班主任工作"术"的层面的东西，是技巧，是策略。而最高明的家访艺术，一定是来自平时对学生真心真意的爱：是从开学第一天就去细心观察耐心走近每个孩子，是跳出狭义的师生家校关系和静态的学科知识领域，用多元的角度、用放大镜去欣赏每个孩子，是怀揣着对生命的好奇和尊重，去理解和悦纳每位家长，是将自己正在做的每件教育的小事，都做成孩子和家长心中温暖的那道光。